- ▶ **Vogelführer Schweiz**
- ▶ **Guide des oiseaux de Suisse**
- ▶ **Guida agli uccelli in Svizzera**
- ▶ **Guid dals utschels en Svizra**
- ▶ **Swiss Bird Guide**

Marcel Burkhardt
Christian Marti
Felix Tobler

- ▶ **Vogelführer Schweiz**
- ▶ **Guide des oiseaux de Suisse**
- ▶ **Guida agli uccelli in Svizzera**
- ▶ **Guid dals utschels en Svizra**
- ▶ **Swiss Bird Guide**

▶ Fotos ▶ Photos ▶ Fotografie ▶ Fotos ▶ Photos
R. Aeschlimann (31), D. Aubord (2), E. Barbelette (37), B. Bäumler (2), A. Berlie (1), R.-P. Bille (1), J. Bruezière (6), W. Büchi (1), P. Buchner (4), M. Burkhardt (29), S. Cordier (2), M. Danegger (8), E. Dragesco (1), E. Duscher (1), P. Emery (6), ePhotoNature.com P. Neveu (1), ePhotoNature.com S. Hellio (1), ESA/Eurimage/swisstopo, NPOC (1), M. Essler (3), J.-M. Fivat (3), A. Gerber (1), M. Gerber (1), S. Gerth (1), J. Gilliéron (1), R. Gross (7), A. Gygax (7), G. Hayoz (1), C. Henninger (2), P. Höhener (1), G. Holzer (1), H. Hug (1), E. Hüttenmoser (3), G. Juen (2), A. Juvonen (1), M. Kestenholz (1), P. Keusch (29), R. Kleiner (1), S. Kohl (1), R. Kunz (1), A. Limbrunner (5), E. Lüscher (16), J.-P. Luthi (27), L. Maumary (13), A. Mauxion (1), C. Meier-Zwicky (1), J.-M. Mitterer (1), G. Moosrainer (15), M. Muriset (9), T. Muukkonen (17), C. Nardin (1), NHPA B. Coster (1), NHPA M. Lane (1), NHPA A. Williams (1), T. Niemi (6), U. Niggli (2), R. & S. Nussbaumer (6), D. Occhiato (6), P. Pavan (1), J. Peltomäki (22), M. Pierre (2), B. Posse (1), F. Rauss (1), F. Renard (3), B. Renevey (11), M. Rogl (2), C. Ruchet (1), B. Rüegger (2), D. Saluz (22), A. Saunier (9), E. Sauser (1), M. Schäf (9), A. Scheurer (1), E. Sermet (1), B. Siegrist (1), F. Sigg (2), E. A. Soder (1), B. Thies (1), S. Tirro (6), Z. Tunka (3), M. Varesvuo (44), P. Vonwil (1), B. Walser (18), S. Wassmer (1), P. Wegmüller (3), A. Wullschleger (3), N. Zbinden (4), M. Zimmerli (1), J.-L. Zimmermann (5), W. Zuber & B. Siegrist (1).

▶ Tonaufnahmen ▶ Prises de sons ▶ Riprese audio ▶ Registraziuns dal tun
▶ Sound recordings
H.-H. Bergmann (157), M. Förschler (1), W. Krey (8), F. Nürnberger/D. Siebold (1), M. Schubert (6), A. Schulze, AMPLE-Verlag (1).

▶ Sonagramme ▶ Sonagrammes ▶ Sonogrammi ▶ Sonograms ▶ Sonograms
Sabine Baumann

▶ CD-ROM ▶ CD-ROM ▶ CD-ROM ▶ CD-ROM ▶ CD-ROM
Reguel Wermelinger, Hardy Brun

▶ © Schweizerische Vogelwarte, Sempach, 2009
Ohne schriftliche Erlaubnis ist es untersagt, dieses Buch oder Teile davon in irgend einer Form zu reproduzieren.

▶ © Station ornithologique suisse, Sempach, 2009
La reproduction de cet ouvrage, même partielle, sous quelle forme que se soit, est interdite sans une autorisation écrite de la Station ornithologique suisse

▶ © Stazione ornitologica svizzera, Sempach, 2009
E' proibita la riproduzione parziale o integrale di questo libro, in qualsiasi forma, senza autorizzazione scritta.

▶ © Staziun ornitologica svizra, Sempach, 2009
Senza lubientscha en scrit èsi scumandà da reproducir en tuttas furmas quest cudesch u parts da quel.

▶ © Swiss Ornithological Institute, Sempach, 2009
No part of this book may be reproduced in any form or by any means without the written permission from the publisher.

ISBN 978-3-9523006-6-4

 Mix IMO-COC-027720 © 1996 FSC · klimaneutral gedruckt 106-53149-0209-1002 – www.abaecherli.ch

- **Inhalt**
- **Contenu**
- **Indice**
- **Cuntegn**
- **Contents**

- Erläuterungen zum Gebrauch 4
- Comment utiliser ce guide 10
- Spiegazioni per l'uso della guida 16
- Explicaziuns per il diever dal guid 22
- Annotations for use 28

- Artteil
- Les espèces
- Parte dedicata alle specie
- Part deditgada a las spezias
- Species sections 34

- Unregelmässig auftretende Arten und Ausnahmeerscheinungen
- Les espèces irrégulières et accidentelles
- Specie con presenza irregolare e accidentali
- Spezias ch'ins vesa irregularmain ed excepziuns
- Irregularly occurring species and rarities 242

- Index deutsch 245
- Index français 247
- Index italiano 249
- Index rumantsch 251
- Index English 253
- Index 255

Vogelführer Schweiz

Der «Vogelführer Schweiz» richtet sich an Naturinteressierte aus dem In- und Ausland, die auf einfache Art die Vögel der Schweiz kennenlernen möchten. Er zeigt, wo und wann welche Arten vorkommen.
Dieser Taschenführer zeichnet sich durch den weitgehenden **Verzicht auf Text** aus. Die für die Bestimmung wichtigen Informationen werden mit **Fotos** und mit **Piktogrammen** wiedergegeben. Auf ähnliche Arten wird hingewiesen.
Vogelstimmen sind wichtige Erkennungsmerkmale. Die beiliegende CD enthält typische Gesangsausschnitte oder Rufe, und zusätzlich sind die entsprechenden Ausschnitte im Buch sonagrafisch dargestellt. Diese **Sonagramme** dienen als visuelle Hilfsmittel dazu, sich Gesänge einzuprägen oder ähnlich aussehende, aber sehr verschieden singende Arten zu unterscheiden.
Die stark vereinfacht dargestellten Angaben zur **Verbreitung**, zur **Höhenverbreitung** und zum **jahreszeitlichen Auftreten** helfen mit, die Richtigkeit einer Bestimmung zu überprüfen.
Mit **zwei Fotos pro Art** lassen sich nicht alle Bestimmungsprobleme lösen. Anspruchsvollere Beobachterinnen und Beobachter werden zusätzlich ein Bestimmungsbuch beiziehen müssen.

Die Grundlagen für den «Vogelführer Schweiz» wurden von der Schweizerischen Vogelwarte Sempach erarbeitet. Zu den Hauptaufgaben der gemeinnützigen Stiftung für Vogelkunde und Vogelschutz gehört die landesweite Überwachung der Vogelbestände. Über 1000 freiwillige Mitarbeitende melden dazu ihre Beobachtungen nach Sempach. Weitere Informationen finden Sie unter www.vogelwarte.ch.

Erläuterungen zum Gebrauch

Auswahl der vorgestellten Arten
Von den gut 400 in der Schweiz festgestellten Vogelarten werden 283 **regelmässig auftretende Arten** im Bild vorgestellt. Es sind jene Arten, die in der Schweiz zwischen 1995 und 2004 in mindestens 9 von 10 Jahren nachgewiesen wurden. Von diesen 283 Arten werden die am häufigsten zu beobachtenden jeweils auf einer ganzen Seite vorgestellt, die eher selten zu sehenden werden hingegen nur in Kleinbildern zusammenfassend gezeigt.
In der Schweiz nur **unregelmässig auftretende Arten** und **Ausnahmeerscheinungen** sind der Vollständigkeit halber in der Tabelle ab Seite 242 aufgeführt.

 Verwechslungsgefahren

Neben dem Symbol sind die Seiten aufgeführt, auf denen ähnliche Arten behandelt werden. Bei Seiten mit mehreren Arten bezeichnet die Zahl nach dem Punkt die Position der betreffenden Art. Die Angabe 58.3 beispielsweise bezeichnet auf Seite 58 die dritte Art von oben.

Grössenangaben

Die Grössenangaben werden im Vergleich zu den bekannten Arten Haussperling, Amsel, Strassentaube und Rabenkrähe gemacht.

    Haussperling (14 cm)   Amsel (25 cm)

    Strassentaube (33 cm)   Rabenkrähe (47 cm)

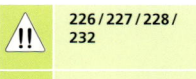

Beispiel Erlenzeisig (Seite 230)
Dem Erlenzeisig sehen folgende Arten ähnlich und könnten zu Verwechslungen führen: Girlitz (Seite 226), Zitronengirlitz (Seite 227), Grünfink (Seite 228), Alpenbirkenzeisig (Seite 232).

Der Erlenzeisig ist kleiner als ein Haussperling.

Bildbeschriftungen

Unterhalb der Vogelbilder weisen Piktogramme auf Geschlecht, Alter und Federkleid hin. Zudem wird angegeben, welchem anderen als dem abgebildeten das Kleid ähnelt.

♂ Männchen   ♀ Weibchen

🦅 Vogel im Jugendkleid (erstes vollständiges Kleid) oder immaturer Vogel (nicht mehr im Jugendkleid, aber auch noch nicht im definitiven Alterskleid).

🦅 Schlichtkleid: meist unscheinbares Kleid, das von den Altvögeln ausserhalb der Balz- und Brutzeit getragen wird.

🦅 Prachtkleid: meist besonders farbenprächtiges Kleid, das von den Altvögeln zur Balz- und Brutzeit getragen wird.

Beispiele für Bildbeschriftungen

♂ = ♀   *Männchen und Weibchen sind gleich gefärbt und im Feld nicht voneinander zu unterscheiden. Es gibt nur geringe jahreszeitliche Gefiederunterschiede (z.B. Singschwan; Seite 35).*

♂ ≈ ♀   *Männchen und Weibchen sind sehr ähnlich gefärbt. Es gibt nur geringe jahreszeitliche Gefiederunterschiede (z.B. Höckerschwan; Seite 34).*

🦅   *Prachtkleid bei Männchen und Weibchen identisch (z.B. Zwergtaucher; Seite 60).*

🦅   *Schlichtkleid bei Männchen und Weibchen identisch (z.B. Silberreiher; Seite 67).*

♂🦅   *Männchen im Prachtkleid (z.B. Buchfink; Seite 224).*

♂ ≈ ♀ ≈ 🦅   *Es gibt nur geringe Unterschiede zwischen Männchen und Weibchen und den Kleidern (z.B. Haselhuhn; Seite 58).*

♀ ≈ 🦅 ≈ ♂🦅   *Es gibt nur geringe Unterschiede zwischen Weibchen, jungen/immaturen Vögeln und Männchen im Schlichtkleid (z.B. Stockente; Seite 43).*

♂ ≈ ♀ (XII – III)   *Es gibt nur geringe Unterschiede zwischen Männchen und Weibchen. Dieses Gefieder wird ungefähr von Dezember bis März getragen (z.B. Alpenschneehuhn; Seite 56).*

Lebensräume

alpine Lebensräume
Alle Lebensräume oberhalb der Waldgrenze.

Wald
Alle Waldtypen von den Niederungen bis hinauf an die Waldgrenze.

Feuchtgebiete und Gewässer
Feuchtgebiete, Fliessgewässer und stehende Gewässer.

Kulturland
Alle Formen von landwirtschaftlich genutzten Lebensräumen.

Felsen und Abbaugebiete
Felsstandorte ausserhalb der alpinen Zone und Kies- oder Lehmgruben.

Siedlungen
Alle Siedlungstypen vom Dorf bis zur Grossstadt.

Bei allen **Brutvogelarten** wird mit orangen Piktogrammen angegeben, in welchen Lebensräumen die Art brütet. Dort sind die Arten in der Regel auch ausserhalb der Brutzeit anzutreffen. Mit schwarzen Piktogrammen werden zusätzliche Lebensräume angegeben, in denen die Art zur Nahrungssuche oder ausserhalb der Brutzeit regelmässig beobachtet werden kann.

Bei **sehr seltenen Brutvogelarten**, die nur ein- bis dreimal in der Schweiz gebrütet haben, wird auf die Angabe des Brutlebensraumes verzichtet. Die Piktogramme sind daher schwarz gefärbt.

Bei den **Durchzüglern** und den **Wintergästen** sind mit schwarzen Piktogrammen jene Lebensräume angegeben, in denen die Art am ehesten angetroffen werden kann.

Beispiel Star (Seite 218)
Die Art kann in der Schweiz hauptsächlich im Wald, in Feuchtgebieten, im Kulturland und im Siedlungsgebiet angetroffen werden. Die orangen Symbole weisen darauf hin, dass die Art im Wald (Waldrand), im Kulturland (Obstgärten, Hecken) und im Siedlungsgebiet brütet. Während der Brutzeit ist der Star daher primär dort und in angrenzenden Lebensräumen anzutreffen.

Häufigkeitsangaben

Die Häufigkeit einer Art wird in vier Stufen angegeben. Diese Angaben dienen zur Einschätzung der Beobachtungswahrscheinlichkeit und ermöglichen es, die Häufigkeit mit jener anderer Arten zu vergleichen.

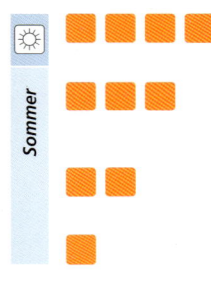

Sommer

Häufige Art: Im Sommer in ihren Lebensräumen innerhalb des Verbreitungsgebietes praktisch täglich zu beobachten.

Verbreitete Art: Im Sommer in ihren Lebensräumen innerhalb des Verbreitungsgebietes flächendeckend vorhanden. Nicht auf jedem Beobachtungsgang zu erwarten.

Spärliche Art: Im Sommer auch in ihren Lebensräumen innerhalb des Verbreitungsgebietes nur lückenhaft vorkommend.

Seltene Art: Im Sommer auch in ihren Lebensräumen im Verbreitungsgebiet nur lokal vorkommend.

Zugzeiten

Häufige Art: In den Hauptzugzeiten bzw. im Frühling und Herbst in den entsprechenden Lebensräumen praktisch täglich zu beobachten.

Regelmässig auftretende Art: In den Hauptzugzeiten bzw. im Frühling und Herbst ist in den entsprechenden Lebensräumen ebenfalls täglich mit Beobachtungen zu rechnen – jedoch in deutlich geringerer Zahl.

Spärlich auftretende Art: In den Zugzeiten bzw. im Frühling und Herbst auch in ihren Lebensräumen nicht regelmässig anzutreffen.

Selten auftretende Art: In der Schweiz pro Jahr nur wenige Male festgestellt.

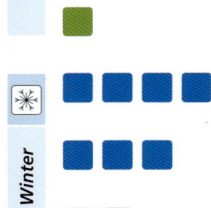

Winter

Häufige Art: Im Winter in ihren Lebensräumen innerhalb des winterlichen Verbreitungsgebietes praktisch täglich zu beobachten.

Verbreitete Art: Im Winter in ihren Lebensräumen innerhalb des winterlichen Verbreitungsgebietes nicht regelmässig zu beobachten.

Spärliche Art: Im winterlichen Verbreitungsgebiet in ihren Lebensräumen nur lückenhaft vorkommend.

Seltene Art: Im winterlichen Verbreitungsgebiet nur lokal vorkommend.

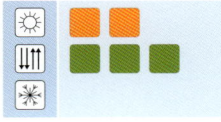

Beispiel Baumfalke (Seite 85)
Die Art kommt im Sommer in den angegebenen Lebensräumen innerhalb ihres Verbreitungsgebietes nur lückenhaft vor. Während der Zugzeiten kann in ihren Lebensräumen täglich mit Beobachtungen in geringer Zahl gerechnet werden. Im Winter ist die Art nicht anwesend.

Verbreitungskarten und Höhenverbreitung

In den Verbreitungskarten ist in **orange** das **potenzielle Brutgebiet** angegeben. **Blau gepunktet** ist jenes Gebiet, in dem die Art im **Winter** beobachtet werden kann.
Bei Vogelarten, die **ausschliesslich zur Zugzeit** anzutreffen sind, wurde **keine Fläche** angegeben, da Durchzügler in der Regel in der ganzen Schweiz auftreten können, oft vor allem in den Niederungen.

Winterverbreitung
Blau gepunktet: Hier sind Beobachtungen der Art im Winterhalbjahr möglich.

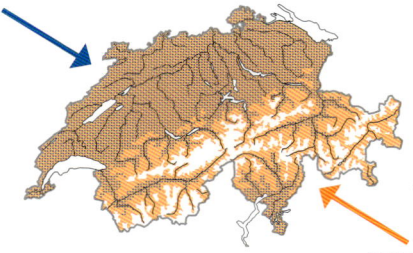

potenzielles Brutgebiet
Orange Fläche: Gebiete, in denen die Art brüten kann, wenn die geeigneten Lebensräume vorhanden sind.

Bei Arten, die in der Schweiz **nicht regelmässig brüten**, wurde auf eine Angabe der Brutverbreitung verzichtet. Das entsprechende Piktogramm bei der Karte weist darauf hin, dass trotz des Fehlens einer Markierung in der Karte in einzelnen Jahren mit Bruten gerechnet werden kann. Im entsprechenden Jahreskalender wird keine Angabe zur Brutzeit gemacht.

Die Angaben zur Höhenverbreitung der Brutvögel innerhalb des Verbreitungsgebietes beziehen sich auf den Bereich, in dem die Art brütet. Dunkel sind die Höhenstufen bezeichnet, wo die Art am regelmässigsten vorkommt; hell jene, wo die Art weniger häufig brütet. Einzelne Vögel können bei der Nahrungssuche ausserhalb des angegebenen Bereiches beobachtet werden.

Beispiel Blaumeise (Seite 199)
Die Blaumeise brütet in der Schweiz von den Niederungen bis auf etwa 2200 m ü.M. Die Hauptbrutverbreitung reicht bis 1200 m ü.M.

Jahreskalender

*Der **dunkelgraue Balken** bezeichnet die **Anwesenheit in der Schweiz**. In diesem Zeitabschnitt kann die Art in der Schweiz beobachtet werden.*

*Der **orange Balken** bezeichnet die **Brutzeit**. In diesem Zeitabschnitt sind die Vögel vor allem im Brutgebiet anzutreffen.*

Januar
Februar usw.

*Der **grüne Balken** bezeichnet die **Zugzeit** und die Zeit, in der Vögel weiträumig umherstreifen. In diesem Zeitabschnitt verlassen bzw. beziehen die in der Schweiz brütenden Zugvögel das Brutgebiet. Ebenfalls beobachtet werden können Durchzügler aus anderen Brutgebieten. Die Arten sind in dieser Zeit weniger an ihre Lebensräume gebunden. Ziehende Vögel können daher auch ausserhalb der angegebenen Lebensräume beobachtet werden (z.B. auf Alpenpässen).*

Vogelstimmen

Von Arten, bei welchen ein Sonagramm abgebildet ist, finden sich auf der CD-ROM die entsprechenden typischen Gesangsausschnitte und Rufe.

Die Sonagramme bei den einzelnen Arten dienen als Visualisierung und Gedankenstütze für den entsprechenden Gesang/Ruf. In einer Art Notenschrift werden dabei die Lautäusserungen des Vogels grafisch in der Tonhöhe in Kilohertz (kHz) und im zeitlichen Verlauf in Sekunden (s) dargestellt.

Detaillierte Angaben zu den Sonagrammen und zu den Stimmen aller in Europa vorkommenden Arten finden sich in: Bergmann, H.-H., H.-W. Helb & S. Baumann (2008): Die Stimmen der Vögel Europas: 474 Vogelporträts mit 914 Rufen und Gesängen auf 2200 Sonagrammen. Aula-Verlag, Wiebelsheim.

Hans-Heiner Bergmann und Sabine Baumann sind wir sehr dankbar für die Überlassung von Tonaufnahmen und Sonagrammen!

Beispiel Sperber (Seite 80)
Das Sonagramm der typischen Rufe des Sperbers.

Tonhöhe in Kilohertz (kHz)

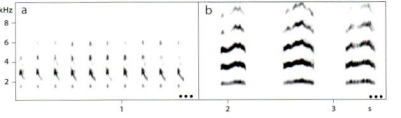

Bei einigen Arten sind zwei unterschiedliche Gesangsausschnitte oder Rufe dargestellt (Abschnitt a bzw. b).

Die Auslassungspunkte zeigen, dass die Lautäusserung im Sonagramm abgebrochen ist, in Wirklichkeit aber weiter läuft.

Zeitskala in Sekunden (s)

Guide des oiseaux de Suisse

Le « Guide des oiseaux de Suisse » s'adresse aux personnes de Suisse ou d'ailleurs qui s'intéressent à la nature et souhaitent apprendre à connaître facilement les oiseaux de Suisse. Il montre où et quand les espèces sont présentes.
Ce guide de poche se distingue notamment par l'**absence de texte**. Les informations importantes pour la détermination sont données sous forme de photos et de pictogrammes. Des renvois indiquent les espèces qui se ressemblent.
Les **chants d'oiseaux** sont des critères d'identification importants. Le CD qui accompagne le guide contient des extraits de chants ou de cris également présentés sous forme de **sonagrammes**. Un sonagramme est un support visuel permettant de mémoriser les chants ou de différencier deux espèces très semblables mais présentant des chants différents. Les données simplifiées concernant la **répartition géographique**, la **répartition altitudinale** et la **présence saisonnière** permettent d'apprécier la justesse d'une identification. Comme il n'est pas possible de résoudre tous les problèmes d'identification à l'aide de **deux photos par espèce**, les observatrices et les observateurs exigeants devront se référer également à un guide d'identification.

La Station ornithologique suisse a fourni les données pour le « Guide des oiseaux de suisse ». La surveillance des effectifs d'oiseaux à l'échelle nationale fait partie des tâches principales de cette fondation d'utilité publique. Plus de 1'000 bénévoles annoncent leurs observations à la Station ornithologique. Pour plus d'informations, veuillez consulter le site www.vogelwarte.ch.

Comment utiliser ce guide

Choix des espèces représentées
Parmi les quelque 400 espèces d'oiseaux observées en Suisse, 283 **espèces régulières** sont illustrées par des photos. Ce sont les espèces qui ont été vues en Suisse au moins 9 années sur dix entre 1995 et 2004. Parmi ces 283 espèces, les plus fréquentes sont représentées sur une page entière, alors que les plus rares ont une image plus petite.
Les **espèces irrégulières** ou **accidentelles** en Suisse sont mentionnées dans le tableau de la page 242 par souci d'exhaustivité.

 Risques de confusion

Les pages sur lesquelles se trouvent des espèces pouvant prêter à confusion sont indiquées à côté du symbole. Si la page comprend plusieurs espèces, le chiffre après le point détermine la position de l'espèce concernée. La mention 58.3 par exemple se réfère à la troisième espèce de la page 58 depuis le haut.

Tailles

La taille des oiseaux est indiquée par comparaison avec des espèces connues comme le Moineau domestique, le Merle noir, le Pigeon domestique et la Corneille noire.

Moineau domestique (14 cm) — Merle noir (25 cm)

Pigeon domestique (33 cm) — Corneille noire (47 cm)

Exemple du Tarin des aulnes (page 230)
Les espèces suivantes ressemblent au Tarin des aulnes et pourraient prêter à confusion : le Serin cini (page 226), le Venturon montagnard (page 227), le Verdier d'Europe (page 228), le Sizerin cabaret (page 232).

Le Tarin des aulnes est plus petit qu'un Moineau domestique.

226 / 227 / 228 / 232

< 🐦

Description de la photo

Sous la photo de l'oiseau, des pictogrammes indiquent le sexe, l'âge et le genre de plumage. De plus, il est mentionné quel autre plumage ressemble à celui qui est illustré.

♂ Mâle ♀ Femelle

🦅 Oiseau en plumage juvénile (premier plumage complet) ou oiseau immature (ce n'est plus un plumage juvénile mais pas encore un plumage adulte définitif).

🦅 Plumage internuptial : plumage généralement discret porté par les oiseaux adultes en dehors de la période de nidification.

🦅 Plumage nuptial : plumage souvent très coloré porté par les oiseaux adultes durant la période de nidification.

Exemples de descriptions

♂ = ♀ *Le mâle et la femelle ont le même plumage et ne peuvent être différenciés l'un de l'autre sur le terrain. Il n'y a qu'une différence saisonnière minime (p. ex. Cygne chanteur; page 35)*

♂ ≈ ♀ *Le mâle et la femelle ont un plumage semblable. Il n'y a qu'une différence saisonnière minime (p. ex. Cygne tuberculé; page 34)*

🦅 *Le plumage nuptial du mâle et de la femelle est identique (p. ex. Grèbe castagneux; page 60)*

🦅 *Le plumage internuptial du mâle et de la femelle est identique (p. ex. Grande Aigrette; page 67)*

♂🦅 *Mâle en plumage nuptial (p. ex. Pinson des arbres; page 224)*

♂ ≈ ♀ ≈ 🦅 *Il n'y a qu'une différence minime entre le mâle et la femelle et les autres plumages (p. ex. Gélinotte des bois; page 58)*

♀ ≈ 🦅 ≈ ♂🦅 *Il n'y a qu'une différence minime entre la femelle, les jeunes/immatures et le mâle en plumage internuptial (p. ex. Canard colvert; page 43)*

♂ ≈ ♀ (XII – III) *Il n'y a qu'une différence minime entre le mâle et la femelle. Ils portent ce plumage de décembre à mars environ (p. ex. Lagopède alpin; page 56)*

Habitats

Habitats alpins
Tous les habitats au-dessus de la limite supérieure des forêts.

Forêt
Tous les types de forêts, de la plaine jusqu'à la limite supérieure des forêts.

Zones humides et plans d'eau
Zones humides, cours d'eau et eaux stagnantes.

Zone agricole
Toutes les formes d'habitats utilisés pour l'agriculture.

Paroi rocheuses et zones d'extraction
Rochers en dehors de la zone alpine et gravières ou glaisières.

Agglomérations
Tous les types d'agglomérations, du village à la grande ville.

Toutes les **espèces d'oiseaux nicheurs** ont un pictogramme orange indiquant dans quel habitat elles nichent. On les trouve généralement aussi à ces endroits en dehors de la période de nidification. Les pictogrammes noirs montrent les habitats supplémentaires dans lesquels l'espèce cherche sa nourriture ou dans lesquels elle est régulièrement observée en dehors de la nidification.

Il n'y a pas d'indication sur l'habitat de nidification pour **les espèces nicheuses très rares** qui n'ont niché qu'une à trois fois en Suisse; c'est pourquoi leurs pictogrammes sont noirs.

Pour les migrateurs et les hôtes d'hiver, les pictogrammes noirs indiquent les habitats dans lesquels on les rencontre le plus souvent.

Exemple Etourneau sansonnet (page 278)
En Suisse, on observe l'espèce surtout en forêt, dans les zones humides, en zone agricole et dans les agglomérations. Le symbole orange indique que l'espèce niche en forêt (lisière de forêt), en zone agricole (vergers, haies) et dans les agglomérations. Durant la période de nidification, on peut donc observer l'Etourneau essentiellement à ces endroits et dans les habitats limitrophes.

Fréquence

La fréquence d'une espèce est notée selon quatre degrés. Cette information est utile pour évaluer la probabilité d'une observation et permet de comparer la fréquence avec celle d'une autre espèce.

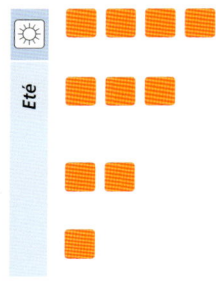

Espèce commune: observable pratiquement tous les jours en été dans ses habitats à l'intérieur de son aire de répartition.

Espèce assez commune: présente un peu partout en été dans ses habitats à l'intérieur de son aire de répartition. Mais il ne faut pas s'attendre à la voir à chaque sortie.

Espèce peu commune: présente en été seulement de manière sporadique, même dans ses habitats à l'intérieur de son aire de répartition.

Espèce rare: présente seulement localement, même dans ses habitats à l'intérieur de son aire de répartition.

Espèce commune: observable pratiquement tous les jours pendant les migrations au printemps et en automne dans les habitats adéquats.

Espèce assez commune: observable pratiquement tous les jours pendant les migrations au printemps et en automne dans les habitats adéquats, mais en petit nombre.

Espèce peu commune: observable irrégulièrement pendant les migrations au printemps et en automne, même dans son habitat.

Espèce rare: observée seulement quelques fois par année en Suisse.

Espèce commune: observable pratiquement tous les jours en hiver dans ses habitats à l'intérieur de son aire de répartition hivernale.

Espèce assez commune: observable irrégulièrement en hiver dans ses habitats à l'intérieur de son aire de répartition hivernale.

Espèce peu commune: présente de manière sporadique dans ses habitats à l'intérieur de son aire de répartition hivernale.

Espèce rare: présente seulement localement dans ses habitats à l'intérieur de son aire de répartition hivernale.

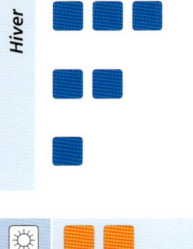

Exemple du Faucon hobereau (page 85)
L'espèce n'est présente que sporadiquement en été dans les habitats indiqués, à l'intérieur de son aire de répartition. Pendant les migrations, elle peut être observée pratiquement chaque jour dans ses habitats mais en petit nombre. En hiver, l'espèce n'est pas présente.

Cartes de répartition et répartition altitudinale

L'*aire de nidification potentielle* est indiquée en *orange* sur la carte de répartition. La région dans laquelle l'espèce peut être observée en hiver est **tachetée de bleu**. Pour les espèces d'oiseaux qui sont présentes **uniquement durant les migrations**, aucune surface n'est indiquée car les migrateurs peuvent en principe être observés partout en Suisse. On les voit cependant surtout en plaine.

Répartition hivernale
Tacheté de bleu : les observations sont possibles à ces endroits durant la saison froide.

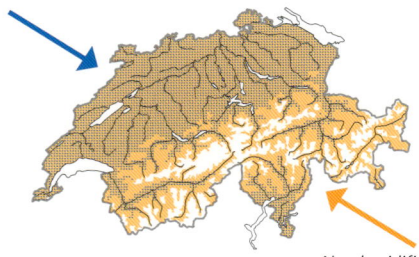

Aire de nidification potentielle
Surfaces orange : sites dans lesquels l'espèce peut nicher si les habitats appropriés sont disponibles.

On a renoncé à indiquer l'aire de nidification des espèces qui **ne nichent pas régulièrement** en Suisse. Le pictogramme correspondant indique que l'espèce peut nicher certaines années malgré l'absence de marquage. Le calendrier annuel ne comprend pas non plus d'indications.

La répartition altitudinale des oiseaux nicheurs se réfère aux régions dans lesquelles l'espèce niche. Les altitudes auxquelles l'espèce est présente régulièrement sont foncées tandis que celles où elle niche moins fréquemment sont claires. On peut observer des oiseaux à la recherche de nourriture en dehors des altitudes indiquées.

Exemple de la Mésange bleue (page 199)
La Mésange bleue niche en Suisse en plaine et jusqu'à environ 2200 m. La répartition principale s'étend jusqu'à 1200 m.

Calendrier annuel

*La **barre gris foncé** indique la **présence de l'espèce en Suisse**. Durant cette période, elle peut être observée en Suisse.*

*La **barre orange** indique la **période de nidification**. Durant cette période, les oiseaux se trouvent principalement sur les sites de nidification.*

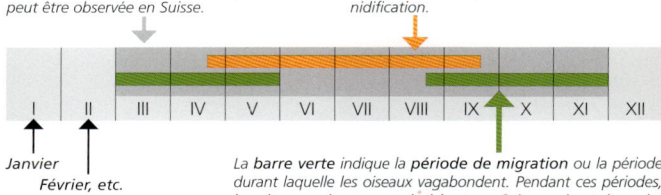

Janvier
Février, etc.

*La **barre verte** indique la **période de migration** ou la période durant laquelle les oiseaux vagabondent. Pendant ces périodes, les oiseaux migrateurs qui nichent en Suisse arrivent (au printemps) ou quittent (en automne) les sites de nidification. On peut aussi observer des migrateurs venant d'autres contrées. Pendant les migrations, les espèces sont moins liées à leurs habitats. C'est pourquoi les oiseaux migrateurs peuvent aussi être observés en dehors des habitats indiqués (par exemples sur les cols alpins).*

Chants d'oiseaux

Vous trouverez sur le CD-ROM les extraits de chants et les cris typiques des espèces qui ont un sonagramme.

Les sonagrammes sont utiles pour se faire une idée visuelle du chant ou du cri. En effet, les chants et les cris des oiseaux sont représentés graphiquement par une sorte de notation musicale : la hauteur du son est en kilohertz (kHz) et le temps est en seconde (s).

Les données détaillées des sonagrammes et des chants de toutes les espèces présentes en Europe se trouvent dans : Bergmann, H.-H., H.-W. Helb & S. Baumann (2008) : Die Stimmen der Vögel Europas: 474 Vogelporträts mit 914 Rufen und Gesängen auf 2200 Sonagrammen. Aula-Verlag, Wiebelsheim.

Nous sommes très reconnaissants à Hans-Heiner Bergmann et Sabine Baumann de nous avoir fourni les enregistrements et les sonagrammes !

Exemple de l'Epervier d'Europe (page 80)
Le sonagramme du cri typique de l'Epervier d'Europe.

Pour certaines espèces, deux extraits différents de chants ou de cris sont représentés (extrait a et b).

Hauteur du son en kilohertz (kHz)

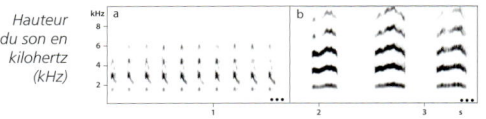

Les points de suspension indiquent que les émissions vocales sont interrompues dans le sonagramme alors qu'elles continuent en réalité.

Echelle de temps en secondes (s)

Traduction : Francine et Bernard Volet

Guida agli uccelli in Svizzera

La «Guida agli uccelli in Svizzera» si rivolge ad un pubblico svizzero ed estero, interessato alla natura, che desidera conoscere in maniera semplice gli uccelli del nostro Paese. Mostra dove e quando sono presenti quali specie.
Questa guida tascabile è caratterizzata dalla **rinuncia**, in larga misura, **ad utilizzare testo**. Le informazioni rilevanti ai fini della determinazione delle specie vengono fornite mediante **fotografie** e **pittogrammi**. Si rende inoltre attenti a specie simili.
Le **voci degli uccelli** sono importanti caratteristiche per la determinazione. Il CD allegato contiene tipici spezzoni di canto o richiami, inoltre, nel libro, gli spezzoni sono rappresentati sotto forma di **sonogrammi**. Questi ultimi servono quale aiuto visivo per memorizzare i canti o per distinguere specie simili d'aspetto ma molto diverse nel canto.
Le indicazioni, rappresentate in maniera molto schematica, concernenti la **distribuzione**, la **distribuzione altitudinale** e la **presenza stagionale**, permettono di verificare l'esattezza di una determinazione.
Con **due foto per specie** non è possibile risolvere tutti i problemi d'identificazione. Osservatrici e osservatori più esigenti dovranno far capo anche ad un manuale di determinazione.

Le basi per la «Guida agli uccelli in Svizzera» sono state elaborate dalla Stazione ornitologica svizzera. Uno dei compiti principali di questa fondazione d'interesse pubblico, che si occupa di ricerca sugli uccelli e della loro protezione, è la sorveglianza su tutto il territorio nazionale degli effettivi degli uccelli. A questo scopo, oltre 1000 collaboratori volontari segnalano le loro osservazioni a Sempach. Trovate ulteriori informazioni (in francese e tedesco) al sito www.vogelwarte.ch.

 # Spiegazioni per l'uso della guida

Scelta delle specie presentate
Delle oltre 400 specie osservate in Svizzera, vengono presentate con immagini 283 **specie presenti in maniera regolare**. Si tratta delle specie la cui presenza, tra il 1995 e il 2004, ha potuto essere constatata almeno 9 anni su 10. Di queste 283 specie, le più frequenti vengono presentate a piena pagina, mentre quelle più rare vengono mostrate solo in maniera riassuntiva con immagini più piccole.
Le **specie presenti** in Svizzera solo in **maniera irregolare** e gli **accidentali** sono riportati, per completezza, nella tabella a partire da pagina 242.

 Rischio di confondere le specie

Accanto al simbolo compaiono i numeri delle pagine alle quali vengono presentate specie simili. In caso di pagine con più specie, la cifra dopo il punto indica la posizione della specie in questione sulla pagina corrispondente: 58.3 indica, ad esempio, la specie a pagina 58, riportata in terza posizione dall'alto.

Dimensioni

Le indicazioni concernenti le dimensioni vengono fornite facendo un confronto con specie conosciute: passero, merlo, piccione e cornacchia.

- Passera europea (14 cm)
- Merlo (25 cm)
- Piccione torraiolo (33 cm)
- Cornacchia nera (47 cm)

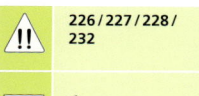

226/227/228/232

Esempio Lucherino (pag. 230)
Le seguenti specie assomigliano al Lucherino e potrebbero portare a confusioni: Verzellino (pag. 226), Venturone alpino (pag. 227), Verdone (pag. 228), Organetto minore (pag. 232).

Il Lucherino è più piccolo di un passero.

Iscrizioni sotto le immagini

Sotto le immagini degli uccelli alcuni pittogrammi indicano sesso, età e piumaggio. Inoltre viene indicato a quale altro piumaggio assomiglia eventualmente quello rappresentato.

♂ Maschio   ♀ Femmina

↗ Uccello in piumaggio giovanile (primo abito completo) o uccello immaturo (non più in piumaggio giovanile ma non ancora in abito adulto definitivo).

↗ Piumaggio eclissale: abito per lo più poco appariscente, portato dagli uccelli adulti al di fuori del periodo riproduttivo.

↗ Piumaggio nuziale: abito per lo più particolarmente variopinto che viene indossato dagli adulti durante il periodo riproduttivo.

Esempi di iscrizioni delle immagini

♂ = ♀ — Maschio e femmina hanno lo stesso piumaggio e non possono essere distinti l'uno dall'altra sul campo. Esistono solo piccole differenze stagionali nel piumaggio (ad es. Cigno selvatico; pag. 35)

♂ ≈ ♀ — Maschio e femmina presentano piumaggi molto simili. Esistono solo piccole differenze stagionali nel piumaggio (ad es. Cigno reale; pag. 34).

↗ — Piumaggio nuziale identico nel maschio e nella femmina (ad es. Tuffetto; pag. 60).

↗ — Piumaggio eclissale identico nel maschio e nella femmina (ad es. Airone cenerino; pag. 67).

♂↗ — Maschio in piumaggio nuziale (ad es. Fringuello; pag. 224).

♂ = ♀ ≈ ↗ — Esistono solo poche differenze tra maschio e femmina e tra i vari piumaggi (ad es. Francolino di monte; pag. 58).

♀ ≈ ↗ ≈ ♂↗ — Esistono solo poche differenze tra femmine, uccelli giovani/immaturi e maschi in piumaggio eclissale (ad es. Germano reale; pag. 43).

♂ ≈ ♀ (XII – III) — Esistono solo poche differenze tra maschio e femmina. Questo abito viene portato da dicembre a marzo circa (ad es. Pernice bianca; pag. 56).

Habitat

Habitat alpini
Tutti gli habitat al di sopra del limite superiore del bosco.

Bosco
Tutti i tipi di bosco, dalla pianura fino al limite superiore del bosco.

Zone umide, specchi e corsi d'acqua
Paludi, stagni, laghi, ruscelli e torrenti.

Zone agricole
Tutti i tipi di habitat utilizzati a scopo agricolo.

Rocce e zone di estrazione d'inerti
Siti rocciosi al di fuori della zona alpina e cave di ghiaia o argilla.

Agglomerati urbani
Tutti i tipi di agglomerato urbano, dai villaggi alle grandi città.

Per tutte le **specie di uccelli nidificanti** viene indicato, con pittogrammi arancioni, in quali habitat la specie nidifica. Di regola le specie vi si trovano anche al di fuori del periodo riproduttivo. Mediante pittogrammi neri vengono indicati ulteriori habitat nei quali la specie può essere osservata regolarmente durante la ricerca di nutrimento o al di fuori del periodo di nidificazione.

Nel caso di **specie molto rare**, che finora hanno nidificato in Svizzera solo da una a tre volte, si è rinunciato ad indicare l'habitat di nidificazione; in questo caso i pittogrammi sono quindi neri.

Nel caso degli **uccelli di passo** e degli **ospiti invernali** sono indicati con pittogrammi neri gli habitat nei quali è più facile incontrare la specie.

Esempio Storno (pag. 218)
In Svizzera la specie s'incontra soprattutto nei boschi, nelle zone umide, nelle zone agricole e negli agglomerati urbani. I simboli arancioni indicano che la specie nidifica nel bosco (bordo del bosco), nelle zone agricole (frutteti, siepi) e negli agglomerati urbani. Durante il periodo di nidificazione lo Storno può quindi essere osservato in primo luogo in quegli habitat e negli spazi vitali ad essi confinanti.

Indicazioni sulla frequenza

La frequenza di una specie viene indicata in quattro livelli. Queste indicazioni servono a valutarne la probabilità di osservazione e permettono di confrontare la sua frequenza con quella di altre specie.

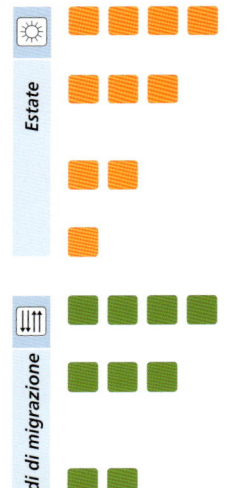

Specie frequente: in estate, nei suoi habitat all'interno dell'areale di distribuzione, osservabile praticamente giornalmente.

Specie diffusa: in estate, nei suoi habitat all'interno dell'areale di distribuzione, presente su vaste superfici. Non bisogna tuttavia aspettarsi di osservarla ad ogni escursione.

Specie poco diffusa: in estate, anche nei suoi habitat all'interno dell'areale di distribuzione presente solo in maniera discontinua.

Specie rara: in estate, anche nei suoi habitat all'interno dell'areale di distribuzione presente solo localmente.

Specie diffusa: durante i periodi principali di migrazione, rispettivamente in primavera e in autunno, negli habitat corrispondenti osservabile praticamente giornalmente.

Specie osservabile regolarmente: durante i periodi principali di migrazione, rispettivamente in primavera e in autunno, negli habitat corrispondenti anche per questa specie si può contare giornalmente su osservazioni, tuttavia in numero nettamente inferiore.

Specie poco diffusa: durante i periodi di migrazione, rispettivamente in primavera e in autunno, anche nei suoi habitat non osservabile regolarmente.

Specie osservabile di rado: in Svizzera osservata ogni anno solo poche volte.

Specie frequente: in inverno, nei suoi habitat all'interno dell'areale invernale di distribuzione osservabile praticamente giornalmente.

Specie diffusa: in inverno, nei suoi habitat all'interno dell'areale invernale di distribuzione non osservabile regolarmente.

Specie poco diffusa: nell'areale invernale di distribuzione presente nei suoi habitat solo in maniera discontinua.

Specie rara: nell'areale invernale di distribuzione presente solo localmente.

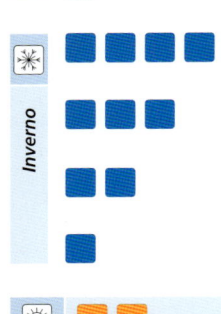

Esempio Lodolaio (pag. 85)
In estate la specie è presente solo in maniera discontinua negli habitat indicati, all'interno del suo areale di distribuzione. Durante i periodi di migrazione, nei suoi habitat si può contare giornalmente su osservazioni di qualche individuo. In inverno la specie non è presente.

Cartine di distribuzione e distribuzione altitudinale

Nelle cartine di distribuzione l'*areale potenziale di nidificazione* è segnato in *arancione*, mentre con una *punteggiatura blu* sono riportate le regioni in cui la specie si può trovare *in inverno*.
Nel caso di specie di uccelli che possono essere osservate **soltanto durante il periodo di migrazione** non è stata segnata **nessuna superficie**, poiché gli uccelli di passo possono, di regola, trovarsi in tutta la Svizzera (spesso soprattutto in pianura).

Distribuzione invernale
Punteggiatura blu: qui è possibile osservare la specie nel periodo invernale.

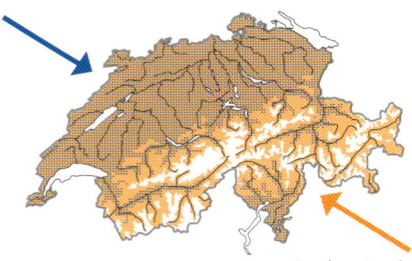

Areale potenziale di nidificazione
Superficie arancione: regioni nelle quali la specie può nidificare qualora siano presenti habitat idonei.

Nel caso di specie che **non nidificano regolarmente** in Svizzera si è rinunciato ad indicare un areale di nidificazione. Il pittogramma corrispondente indica che, malgrado nella cartina manchi una marcatura, in singoli anni è possibile che la specie nidifichi. Nel calendario annuale corrispondente non viene data nessuna indicazione riguardo al periodo di nidificazione.

I dati riguardanti la distribuzione altitudinale degli uccelli nidificanti all'interno dell'areale di distribuzione si riferiscono alle zone in cui la specie nidifica. I piani altitudinali dove la specie è presente più regolarmente sono indicati con toni scuri, mentre dove la specie nidifica meno di frequente sono chiari. Singoli uccelli in cerca di nutrimento possono essere osservati al di fuori delle zone indicate.

Esempio Cinciarella (pag. 199)
In Svizzera la Cinciarella nidifica dalla pianura fino a ca. 2200 m s.l.m. La zona principale di distribuzione raggiunge i 1200 m s.l.m.

Calendario annuale

La barra **grigio scuro** indica la **presenza in Svizzera**. In questo periodo la specie può essere osservata nel nostro Paese.

La **barra arancione** indica il **periodo di nidificazione**. In questo periodo gli uccelli possono essere osservati soprattutto nelle zone di nidificazione.

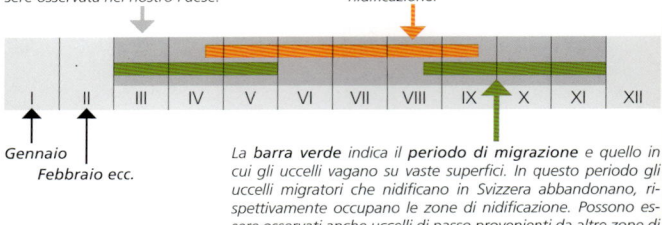

| I | II | III | IV | V | VI | VII | VIII | IX | X | XI | XII |

Gennaio
Febbraio ecc.

La **barra verde** indica il **periodo di migrazione** e quello in cui gli uccelli vagano su vaste superfici. In questo periodo gli uccelli migratori che nidificano in Svizzera abbandonano, rispettivamente occupano le zone di nidificazione. Possono essere osservati anche uccelli di passo provenienti da altre zone di nidificazione. In questo periodo le specie sono meno legate ai loro habitat; uccelli in migrazione possono quindi venir osservati anche al di fuori degli habitat indicati (ad es. sui passi alpini).

Le voci degli uccelli

Sul CD-ROM si possono trovare spezzoni tipici del canto e richiami delle specie per le quali è riportato un sonogramma.
Nelle singole specie i sonogrammi servono quale visualizzazione e aiuto per memorizzare e riconoscere i canti/richiami corrispondenti. Con una rappresentazione simile ad un rigo musicale le manifestazioni vocali dell'uccello vengono rappresentate graficamente in chiloherz (kHz) per quanto riguarda l'altezza del suono, e in secondi (s) per quanto riguarda l'andamento temporale.
Si possono trovare indicazioni dettagliate sui sonogrammi e sulle voci di tutte le specie presenti in Europa in: Bergmann, H.-H., H.-W. Helb & S. Baumann (2008): Die Stimmen der Vögel Europas: 474 Vogelporträts mit 914 Rufen und Gesängen auf 2200 Sonagrammen. Aula-Verlag, Wiebelsheim.
Siamo molto riconoscenti ad Hans-Heiner Bergmann e Sabine Baumann per averci gentilmente messo a disposizione registrazioni e sonogrammi!

Esempio Sparviere (pag. 80)
Il sonogramma dei richiami tipici dello Sparviere.

Per alcune specie sono rappresentati due diversi spezzoni di canto o richiami (parte a risp. b).

Altezza del suono in chiloherz (kHz)

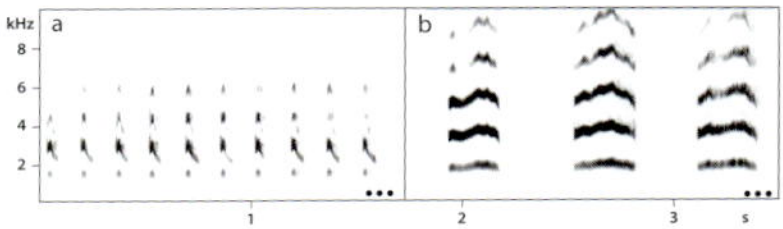

I puntini di sospensione indicano che la manifestazione sonora nel sonogramma è interrotta, ma che in realtà continua.

Scala temporale in secondi (s)

Traduzione: Chiara Solari

Guid dals utschels en Svizra

Il «Guid dals utschels en Svizra» sa drizza a persunas da la Svizra e da l'exteriur che s'interessan per la natira e che vulan emprender d'enconuscher a moda simpla ils utschels en noss pajais. Il guid mussa nua e cura ch'ins inscuntra tge spezias d'utschels.
Quest guid tastgabel sa caracterisescha entras **sia pitschna part** da texts. Las infurmaziuns impurtantas per la classificaziun vegnan illustradas cun **fotos** e **pictograms**. A spezias sumegliantas renviescha il guid.
Las **vuschs dals utschels** èn impurtants segns distinctivs. Sin il disc cumpact agiuntà èn registrads cloms u tipics extracts dal chant ch'èn ultra da quai illustrads era a moda sonografica en il cudesch. Quests **sonograms** gidan, sco med auxiliar optic, a memorisar ils chants ubain a differenziar spezias d'utschels che sumeglian ina l'autra, ma che chantan a moda fitg differenta.
Las indicaziuns fitg simplifitgadas davart la **derasaziun**, la **derasaziun tenor autezza e stagiun** servan sco ulteriurs agids da classificaziun.
Cun **duas fotos per spezia** na sa laschan betg schliar tut ils problems da classificaziun. Observaturas ed observaturs pli pretensius vegnan a stuair consultar anc in auter cudesch da classificaziun.

Las infurmaziuns da basa per il «Guid dals utschels en Svizra» èn vegnidas elavuradas da la Staziun ornitologica svizra da Sempach. Ina da las incumbensas principalas da la fundaziun d'util public, che s'engascha per l'ornitologia e la protecziun dals utschels, è la surveglianza da l'effectiv d'utschels en l'entir pajais. Passa 1000 collavuraturas e collavuraturs voluntars annunzian lur observaziuns a la staziun ornitologica da Sempach. Ulteriuras infurmaziuns chattais Vus sut www.vogelwarte.ch.

 # Explicaziuns per il diever dal guid

Tscherna da las spezias preschentadas
Da las var 400 spezias d'utschels registradas en Svizra vegnan preschentadas cun illustraziuns 283 **spezias ch'ins vesa regularmain**. I sa tracta da las spezias ch'ins ha pudì observar en Svizra tranter il 1995 ed il 2004 en almain nov da diesch onns. Da quellas 283 spezias vegnan preschentadas mintgamai sin in'entira pagina quellas ch'ins po vesair il pli savens, quellas ch'ins inscuntra pli darar vegnan percunter mussadas mo cun illustraziuns pitschnas.
Da las **spezias ch'ins vesa irregularmain** en Svizra e da las **excepziuns** èn sulettamain inditgads ils nums en la tabella sin pagina 242.

 Privel da scumbigliar las spezias

Sper il simbol èn inditgadas las paginas, sin las qualas ins chatta spezias d'utschels sumegliantas. Sche pliras spezias vegnan descrittas sin ina pagina, indidgescha la cifra suenter il punct la posiziun da la spezia respectiva. Per exempel 58.3: la terza spezia da surengiu sin pagina 58.

Indicaziuns da la grondezza

Las indicaziuns da la grondezza vegnan fatgas en cumpargliaziun cun las suandantas spezias d'utschels enconuschentas: il pasler da chasa, la merlotscha, la columba dumestia ed il corv nair.

 pasler da chasa (14 cm)   merlotscha (25 cm)

 columba dumestia (33 cm)   corv nair (47 cm)

226 / 227 / 228 / 232

 < 🐦

Exempel: il zaisch d'ogna (pagina 230)
Il zaisch d'ogna sumeglia las suandantas spezias d'utschels, cun las qualas el po vegnir scumbiglià: il serin (pagina 226), il citronel (pagina 227), il verdaun (pagina 228) ed il zaisch da laresch alpin (pagina 232).

Il zaisch d'ogna è pli pitschen ch'il pasler da chasa.

Inscripziuns sut las fotos

Ils pictograms sut las fotos dals utschels dattan infurmaziuns davart la schlatta, la vegliadetgna ed il vestgì da plimas. Ultra da quai èn era inditgads utschels cun in vestgì sumegliant.

♂ Mastgel   ♀ Femella

⚥ Utschè giuven en ses emprim vestgì da plimas cumplet ubain utschè immatur che na porta betg pli ses emprim vestgì da plimas, però era anc betg ses vestgì da plimas definitiv.

⚥ Vestgì modest: in vestgì ch'è savens da pauca preschientscha e che vegn purtà dals utschels creschids ordaifer il temp da copular e da cuar.

⚥ Vestgì da parada: in vestgì ch'è savens da bellezza colurs e che vegn purtà dals utschels creschids durant il temp da copular e da cuar.

Exempels d'inscripziuns sut las fotos

♂ = ♀   *Il vestgì da plimas dal mastgel e da la femella è da medema colur ed ins na po betg als differenziar sin distanza. I dat mo paucas differenzas da plimas che varieschan tenor stagiun (p.ex. cign selvadi; pagina 35).*

♂ ≈ ♀   *Il vestgì da plimas dal mastgel e da la femella è quasi da medema colur. I dat mo paucas differenzas da plimas che varieschan tenor stagiun (p.ex. cign dumesti; pagina 34).*

⚥   *Il vestgì da parada dal mastgel e da la femella è identic (p.ex. sfunsella nanina; pagina 60).*

⚥   *Il vestgì modest dal mastgel e da la femella è identic (p.ex. irun alv; pagina 67).*

♂⚥   *Il mastgel en il vestgì da parada (p.ex. fringhel; pagina 224).*

♂ ≈ ♀ ≈ ⚥   *I dat mo paucas differenzas tranter il vestgì da plimas dal mastgel e da la femella (p.ex. cot/giaglina da guaud; pagina 58).*

♀ ≈ ⚥ ≈ ♂⚥   *I dat mo paucas differenzas tranter las femellas, ils utschels giuvens/immaturs ed ils mastgels en il vestgì modest (p.ex. anda selvadia; pagina 43).*

♂ ≈ ♀ (XII – III)   *I dat mo paucas differenzas tranter il vestgì dal mastgel e da la femella che vegn purtà circa davent dal december fin il mars (p.ex. urblauna; pagina 56).*

Abitadis

Territoris alpins
Tut ils territoris sur il cunfin dal guaud.

Guaud
Tut ils tips da guauds da la planira fin al cunfin dal guaud.

Palids ed auas
Palids, flums, auals ed auas stagnadas.

Terren cultivà
Tut las furmas da zonas utilisadas a moda agricula.

Grips e territoris d'explotaziun
Grips ordaifer la zona alpina e chavas da glera e d'arschiglia.

Territoris colonisads
Tut ils tips da territoris colonisads dal vitg fin a la citad gronda.

Tar tut ils **utschels cuaders** è indità cun pictograms oranschs en tge abitadis che las singulas spezias cuan. Là pon ins per regla era inscuntrar ils utschels ordaifer il temp da cuar. Ils pictograms nairs renvieschan als territoris, en ils quals ins po vesair regularmain la spezia d'utschels durant la tschertga da vivonda u ordaifer il temp da cuar.

Tar **utschels cuaders ch'ins vesa fitg darar en Svizra**, damai quels che han cuà mo ina fin trais giadas en noss pajais, n'avain nus betg indità il territori da cuar. Ils pictograms èn en quels cas nairs.

Tar ils **utschels migrants** ed ils **giasts d'enviern** èn ils abitadis, en ils quals ins po vesair il pli savens las spezias respectivas, mintgamai indigtads cun pictograms nairs.

Exempel: il sturnel (pagina 218)
Questa spezia d'utschels pon ins observar en Svizra surtut en il guaud, en palids, en il terren cultivà ed en ils territoris colonisads. Ils simbols oranschs inditgeschan che questa spezia cua en il guaud (a l'ur dal guaud), en il terren cultivà (curtins da pumera, saivs vivas) ed en ils territoris colonisads. Durant il temp da cuar ves'ins il sturnel perquai en emprima lingia en quels lieus ed en ils abitadis cunfinants.

Indicaziuns davart la frequenza

La frequenza d'ina spezia vegn inditgada en quatter stgalims. Questas indicaziuns gidan a taxar la probabladad d'observar in utschè e permettan da cumparegliar quella cun la frequenza d'autras spezias.

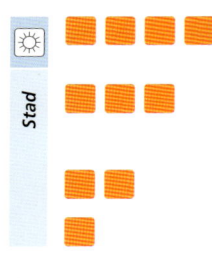

Stad

Spezia fitg frequenta: la stad pon ins vesair praticamain mintga di questa spezia en ses territori da derasaziun.

Spezia frequenta: la stad pon ins vesair vaira savens questa spezia en ses territori da derasaziun. Ins na dastga però betg spetgar da l'inscuntrar durant mintga gir d'observaziun.

Spezia stgarsa: la stad pon ins vesair questa spezia era en ses territori da derasaziun mo mintgatant.

Spezia fitg stgarsa: la stad pon ins vesair questa spezia era en ses territori da derasaziun mo localmain.

Temps da migraziun

Spezia ch'ins vesa fitg savens: en ils temps da migraziun principals resp. la primavaira e l'atun pon ins vesair praticamain mintga di questa spezia en ses territori da derasaziun.

Spezia ch'ins vesa regularmain: en ils temps da migraziun principals resp. la primavaira e l'atun pon ins quintar da vesair era questa spezia mintga di en ses territoris da derasaziun – però en in dumber marcantamain pli pitschen.

Spezia ch'ins vesa darar: en ils temps da migraziun resp. la primavaira e l'atun pon ins vesair questa spezia era en ses territori da derasaziun mo darar.

Spezia ch'ins vesa fitg darar: questa spezia han ins observà en Svizra mo paucas giadas per onn.

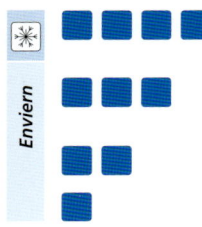

Enviern

Spezia fitg frequenta: l'enviern pon ins vesair questa spezia praticamain mintga di en ses territori da derasaziun invernal.

Spezia frequenta: l'enviern na pon ins betg vesair regularmain questa spezia en ses territoris da derasaziun invernal.

Spezia stgarsa: questa spezia pon ins vesair mo mintgatant en ses territori da derasaziun invernal.

Spezia fitg stgarsa: questa spezia pon ins vesair mo localmain en ses territori da derasaziun invernal.

Exempel: il falcun da feglia (pagina 85)
La stad pon ins observar questa spezia mo mintgatant en ils abitadis situads en ses territoris da derasaziun. Durant ils temps da migraziun pon ins quintar da vesair mintga di in pèr exemplars en lur abitadis. L'enviern na pon ins betg vesair questa spezia en Svizra.

Chartas da derasaziun e derasaziun tenor autezza

En las chartas da derasaziun è il **territori da cuar potenzial** marcà cun **oransch**. Il territori, nua che la spezia po vegnir observada l'**enviern**, è marcà cun **puncts blaus**.
Tar las spezias d'utschels ch'ins inscuntra en Svizra **exclusivamain durant il temp da migraziun** n'avain nus inditgà **nagina surfatscha respectiva**, cunquai ch'ins po vesair ils utschels migrants per regla en tut il pajais, surtut però en la planira.

Derasaziun durant l'enviern
Surfatscha cun puncts blaus: questa spezia pon ins observar en il mez onn d'enviern.

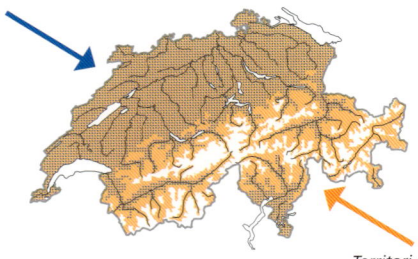

Territori da cuar potenzial
Surfatscha oranscha: territoris, en ils quals la spezia po cuar, sch'èn avant maun ils abitadis adattads.

 Tar las spezias che **na cuan betg regularmain** en Svizra n'è betg inditgada la derasaziun tenor territori da cuar. Il pictogram correspundent sper la charta renda attent il lectur che la spezia po cuar singuls onns en Svizra, malgrà che la marcaziun manca en la charta. En il chalender annual na chatt'ins però naginas indicaziuns davart il temp da cuar.

Las indicaziuns davart ils utschels cuaders che pertutgan la derasaziun tenor autezza entaifer lur abitadi renvieschan a la zona, en la quala la spezia cua. Ils stgalims d'autezza, en ils quals ins vesa regularmain la spezia, èn colurads pli stgir; las zonas, en las qualas la spezia cua main savens, èn coluradas pli cler. Singuls utschels pon ins observar durant lur tschertga da vivonda era ordaifer il territori inditgà.

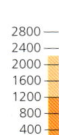 *Exempel: il maset blau (pagina 199)*
Il maset blau cua en Svizra en la planira fin a var 2200 m s.m. Il territori da cuar principal sa chatta sin in'autezza da fin a 1200 m s.m.

Chalender annual

La trav grisch stgira inditgescha, cura che la spezia sa chatta en Svizra.

La trav oranscha stat per il temp da cuar. Durant quest temp pon ins observar ils utschels surtut en lur territori da cuar.

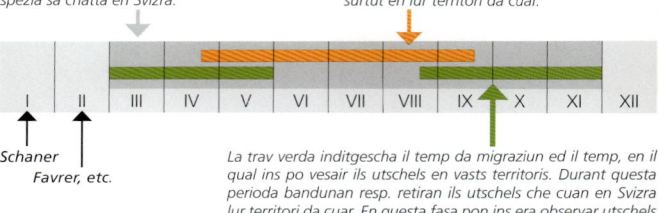

Schaner
Favrer, etc.

La trav verda inditgescha il temp da migraziun ed il temp, en il qual ins po vesair ils utschels en vasts territoris. Durant questa perioda bandunan resp. retiran ils utschels che cuan en Svizra lur territori da cuar. En questa fasa pon ins era observar utschels migrants d'auters territoris da cuar. Las spezias èn durant quest temp liadas main a lur abitadis. Perquai pon ins vesair ils utschels migrants era ordaifer las zonas inditgadas (p.ex. sin pass).

Vuschs d'utschels

La CD-ROM cuntegna extracts dal chant ed ils cloms tipics da las spezias, tar las qualas è inditgà in sonogram.
Ils sonograms da las singulas spezias servan sco visualisaziun ed agid da memoria per il chant/clom correspundent. Ils suns da l'utschè vegnan visualisads graficamain en ina spezia da scrittira da notas inditgada en l'autezza dal tun (kHz) ed en secundas (s).
Indicaziuns detagliadas davart ils sonograms e las vuschs da tut las spezias che vegnan avant en Svizra chattais Vus en il cudesch (incl. CD-ROM): Bergmann, H.-H., H.-W. Helb & S. Baumann (2008): Die Stimmen der Vögel Europas: 474 Vogelporträts mit 914 Rufen und Gesängen auf 2200 Sonagrammen. Aula-Verlag, Wiebelsheim.
Nus engraziain cordialmain a Hans-Heiner Bergmann ed a Sabine Baumann che nus avain pudì surpigliar las registraziuns dal tun ed ils sonograms.

Exempel: il sprer (pagina 80)
Il sonogram dals cloms tipics dal sprer.

Tar intginas spezias èn indigads dus differents extracts dal chant u dals cloms (champ a resp. b).

Autezza dal tun en kilohertz (kHz)

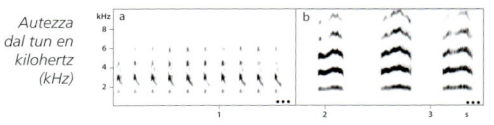

Ils trais puncts (...) visualiseschan ch'ils suns da l'utschè èn vegnids interrunts en il sonogram, ma ch'els cuntinueschan en realitad.

Temp en secundas (s)

Translaziun: Lia Rumantscha, Cuira

Swiss Bird Guide

The «Swiss Bird Guide» is directed to persons who wish to learn about the birds of Switzerland in a simple way. The guide shows the occurrence of species in space and time.

A characteristic of this pocket guide is the extensive **renouncement of text use**. Information important for the identification of species is given in **photos** and **pictograms**.

Song and calls are important traits for species identification. The CD-ROM accompanying the book contains typical songs or calls, which are additionally illustrated by sonograms in the respective species sections. These **sonograms** serve as visual aids to memorize the songs or to distinguish species with more or less identical plumage but conspicuously differing songs.

Specifications of the **range**, the **vertical distribution** and the **seasonal occurrence** are much simplified, but should help verify the identification.

With only **two photos presented per species**, identification problems may arise. Demanding observers will require an additional identification guide.

The basics for the «Swiss Bird Guide» have been worked out by the Swiss Ornithological Institute Sempach. One of the main tasks of the institute, a non-profit foundation devoted to the study and conservation of birds, is the nationwide monitoring of bird populations. More than 1000 volunteers report their observations to the institute. More information is available at www.vogelwarte.ch

 # Annotations for use

Selection of the species presented
Of the roughly 400 bird species recorded in Switzerland, 283 **regularly occurring species** are presented. These are the species having been observed in at least 9 years out of 10 between 1995 and 2004. Of these 283 species, the ones most commonly observed are presented on one page each, while the rarer species are only shown in small pictures.

Species irregularly occurring in Switzerland and **rarities** are mentioned, for the sake of completeness, in the table starting on page 242.

 Potential for misidentification

Next to this symbol, pages are given presenting similiar species. If more than one species is shown on a page, the number after the dot indicates the position of the species on that page. As an example, 58.3 refers to the third species from the top on page 58.

Size

Size is given in comparison to well-known species such as House Sparrow, Blackbird, Feral Pigeon and Carrion Crow.

House Sparrow (14 cm) Common Blackbird (25 cm)

Feral Pigeon (33 cm) Carrion Crow (47 cm)

226 / 227 / 228 / 232

<

Example: Eurasian Siskin (p. 230)
Species similar to the Eurasian Siskin potentially leading to misidentifications: European Serin (page 226), Citril Finch (page 227), European Greenfinch (page 228), Lesser Redpoll (page 232).

The Eurasian Siskin is smaller than the House Sparrow.

Figure legends

Pictograms below the photos give details regarding sex, age and plumage. Additionally, it is pointed out in which other plumage the species resembles the one portrayed.

♂ Males ♀ Females

🦅 Bird in juvenile plumage (first complete plumage) or immature bird (no longer in juvenile plumage, but not in final adult plumage yet).

🦅 Non-breeding (eclipse) plumage: mostly inconspicuous plumage of adults outside the courtship and breeding periods.

🦅 Breeding plumage: mostly particularly colourful plumage of adults during the courtship and breeding periods.

Examples of figure legends

♂ = ♀	*Males and females are not distinguishable under field conditions. There are only minor seasonal differences in plumage (e.g. Whooper Swan; page 35).*
♂ ≈ ♀	*Males and females differ only slightly in plumage coloration. There are only minor seasonal differences in plumage (e.g. Mute Swan; page 34).*
🦅	*Breeding plumages of males and females identical (e.g. Little Grebe; page 60).*
🦅	*Non-breeding plumage of males and females identical (e.g. Great Egret; page 67).*
♂🦅	*Male in breeding plumage (e.g. Chaffinch; page 224).*
♂ ≈ ♀ ≈ 🦅	*There are only minor differences between the sexes and the plumages, respectively (e.g. Hazel Grouse; page 58).*
♀ ≈ 🦅 ≈ ♂🦅	*There are only minor differences between females, juvenile/immature birds and males in non-breeding plumage (e.g. Mallard; page 43).*
♂ ≈ ♀ (XII – III)	*There are only minor differences between the sexes. This plumage is worn approximately from December to March (e.g. Rock Ptarmigan; page 56).*

Habitats

 Alpine habitats
All habitats above the timberline.

 Forest
All forest types from the lowlands up to the timberline.

 Wetlands and water bodies
Wetlands and all bodies of flowing and standing water.

 Cultivated land
All kinds of agricultural habitats.

 Rocks and open pits
Rock habitats outside the Alpine zone and gravel and clay pits.

 Settlements
All kinds of settlements from villages to cities.

Orange pictograms indicate the breeding habitat of each **breeding species**, where the species can, in general, be found outside the breeding season as well. Black pictograms give additional habitats regularly used by the species during foraging and outside the breeding season.

For **very rare breeding species**, which have bred in Switzerland only one to three times, no breeding habitat is given. The pictograms hence are coloured black.

Black pictograms indicate the habitats where **migrants** and **winter guests** can most likely be observed.

Example Common Starling (page 218)
In Switzerland, the species can primarily be found in forests, wetlands, agricultural areas and settlements. The orange symbols indicate that the species breeds in forests (forest edges), agricultural areas (orchards, hedges) and in settlements. Thus, Common Starlings primarily occur in these and in adjacent habitats during the breeding period.

Abundance

Abundance of a species is given in four categories, which serve to assess the likelihood of an observation and allow comparisons with the abundance of other species.

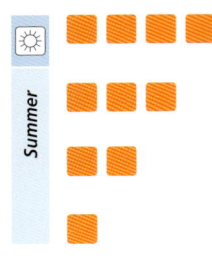

Common species: during summer, to be observed almost daily in suitable habitats within the species' range.

Widespread species: during summer area-wide occurrence in suitable habitats within the species' range.

Uncommon species: during summer fragmentary occurrence even in suitable habitats within the species' range.

Rare species: during summer only locally occurring even in suitable habitats within the species' range.

Common species: during the main migration periods, that is in spring and autumn, to be observed almost daily in suitable habitats.

Regularly occurring species: during the main migration periods, that is in spring and autumn, to be observed almost daily in suitable habitats, but in distinctly lower numbers.

Uncommon species: during the main migration periods, that is in spring and autumn, not regularly occurring even in suitable habitats.

Rare species: observed in Switzerland only a few times per year.

Common species: during winter, to be observed almost daily in suitable habitats within the species' range.

Widespread species: during winter, not to be observed regularly in suitable habitats within the species' range.

Uncommon species: during winter only fragmentary occurrence in suitable habitats.

Rare species: during winter occurring only locally.

Example Eurasian Hobby (page 85)
In summer, the species shows a fragmentary occurrence in the habitats within the distribution range. During migration periods, daily observations in suitable habitats can be expected. The species is absent in winter.

Distribution maps and vertical distribution

The ***potential breeding area*** is shown in ***orange***. ***Dotted in blue*** is the area, where the species can be observed in ***winter***.
For species exclusively encountered during the ***migration season***, ***no area is highlighted***, because migrants can show up anywhere in Switzerland, specifically in the lowlands.

Distribution in winter
Dotted in blue: Observations of the species during winter are possible here.

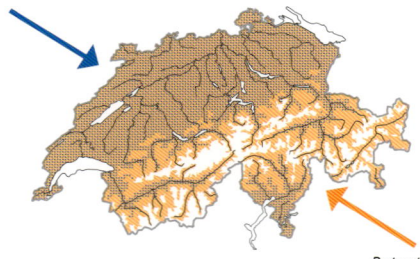

Potential breeding area
Orange area: The species can breed here, given suitable habitats.

For species ***not regularly breeding*** in Switzerland, no specification of the breeding distribution is given. The corresponding pictogram next to the map indicates that broods may be expected in single years, even if no marks are given in the map. No specification in terms of breeding season is made in the respective annual cycle.

Specifications regarding the vertical distribution refer to the area where the species breeds. Highlighted with dark colours are altitudinal belts where the species most commonly occurs; light colours show where the species breeds less commonly. While foraging, individuals can be observed outside the highlighted areas.

Example Blue Tit (page 199)
In Switzerland, the Blue Tit breeds from the lowlands up to 2200 m a.s.l. The main breeding area extends up to 1200 m a.s.l.

Annual cycle

*The **dark grey bar** indicates the species' presence in Switzerland. During this period, the species can be observed in Switzerland.*

*The **orange bar** marks the **reproductive period**. During this period, the species can be primarily encountered in the breeding area.*

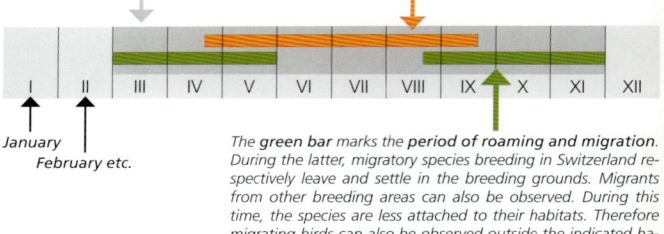

January
February etc.

*The **green bar** marks the **period of roaming and migration**. During the latter, migratory species breeding in Switzerland respectively leave and settle in the breeding grounds. Migrants from other breeding areas can also be observed. During this time, the species are less attached to their habitats. Therefore migrating birds can also be observed outside the indicated habitats (e.g. on Alpine passes).*

Bird songs and calls

Of species with songs and calls shown in sonograms, the respective vocal signals are included on CD-ROM.
Sonograms serve to visualise and memorise the corresponding song/call. Pitch (kHz) and temporal patterns (in seconds, s) of the vocal signals are graphically displayed. Detailed descriptions of the sonograms and the songs of all European species are given in: Bergmann, H.-H., H.-W. Helb & S. Baumann (2008): Die Stimmen der Vögel Europas: 474 Vogelporträts mit 914 Rufen und Gesängen auf 2200 Sonagrammen. Aula-Verlag, Wiebelsheim.
We are much obliged to Hans-Heiner Bergmann and Sabine Baumann for sharing their recordings and sonograms!

Example Eurasian Sparrowhawk (page 80)
Sonograms of typical calls of the Eurasian Sparrowhawk.

For some species, two different calls or parts of songs are displayed (section a and b, respectively).

Pitch in kilohertz (kHz)

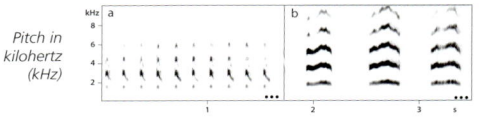

The dots indicate that the vocalisation shown in the sonogram is in reality continued.

Time scale in seconds (s)

Translation: Gilberto Pasinelli, Rosmarie Küchel

- ▶ Höckerschwan
- ▶ Cygne tuberculé
- ▶ Cigno reale
- ▶ cign dumesti
- ▶ Mute Swan
- ▶ *Cygnus olor*

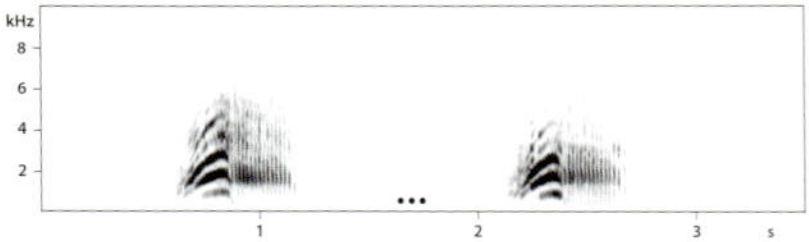

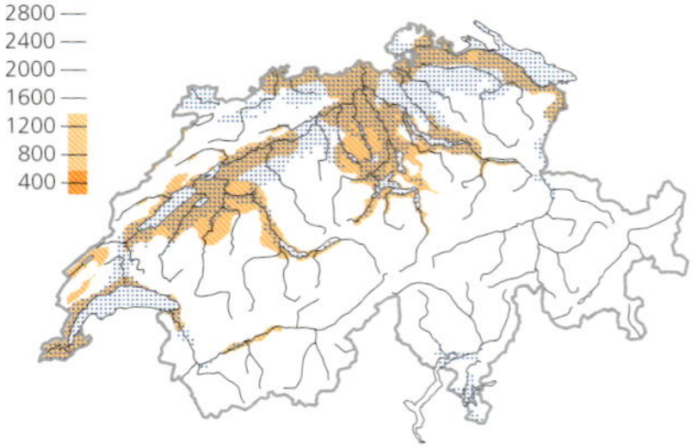

♂ ≈ ♀

35 / 53.1

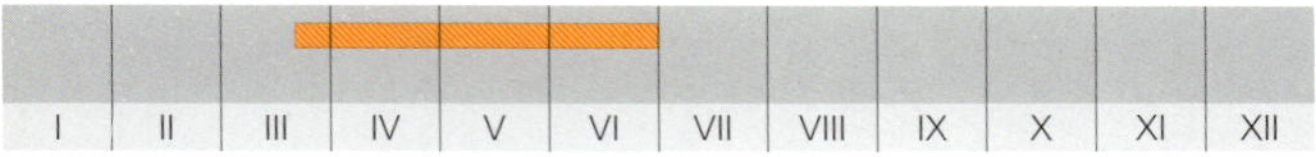

- ▶ Graugans
- ▶ Oie cendrée
- ▶ Oca selvatica
- ▶ auca grischa
- ▶ Greylag Goose
- ▶ *Anser anser*

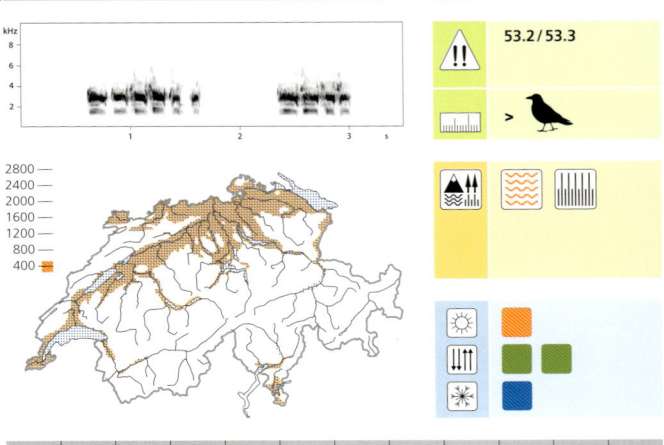

- ▶ **Rostgans**
- ▶ Tadorne casarca
- ▶ Casarca
- ▶ auca cotschna
- ▶ Ruddy Shelduck
- ▶ *Tadorna ferruginea*

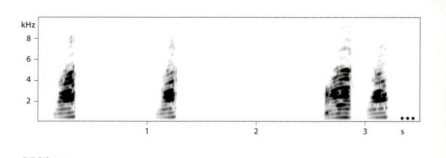

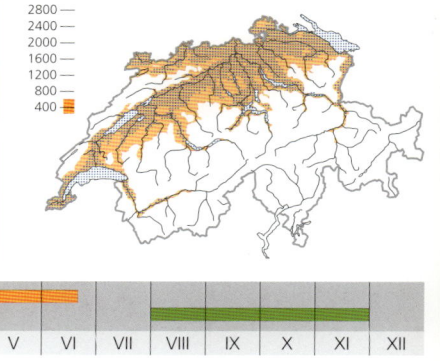

- ▶ **Brandgans**
- ▶ Tadorne de Belon
- ▶ Volpoca
- ▶ anda faschada
- ▶ Common Shelduck
- ▶ *Tadorna tadorna*

♂

- ▶ Mandarinente
- ▶ Canard mandarin
- ▶ Anatra mandarina
- ▶ anda mandarina
- ▶ Mandarin Duck
- ▶ *Aix galericulata*

♀ ≈ ≈ ♂

40 / 41 / 42 / 43 / 44 / 45 / 46

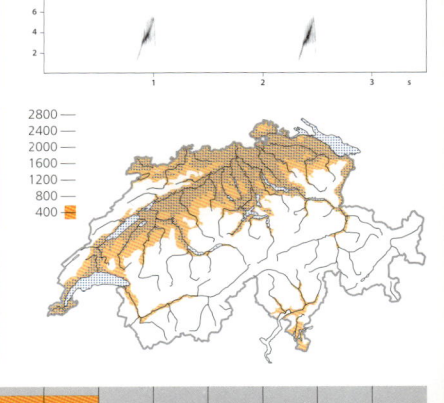

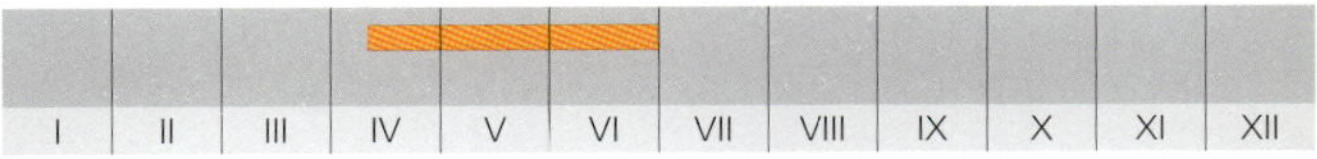

39

♂ 🔊

- Pfeifente
- Canard siffleur
- Fischione
- anda da la blassa
- Eurasian Wigeon
- *Anas penelope*

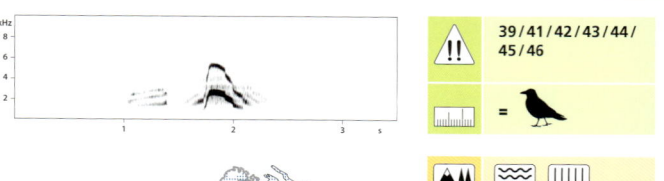

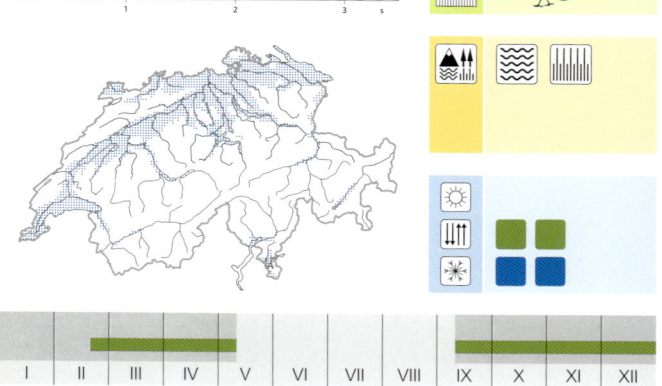

♀ ≈ 🔊 ≈ ♂ 🔊

39 / 41 / 42 / 43 / 44 / 45 / 46

- ▶ Schnatterente
- ▷ Canard chipeau
- ▷ Canapiglia
- ▶ anda baterlunza
- ▶ Gadwall
- ▶ *Anas strepera*

39 / 40 / 42 / 43 / 44 / 45 / 46 / 50

- ▶ **Krickente**
- ▶ **Sarcelle d'hiver**
- ▶ **Alzavola**
- ▶ **anda crecca**
- ▶ **Eurasian Teal**
- ▶ *Anas crecca*

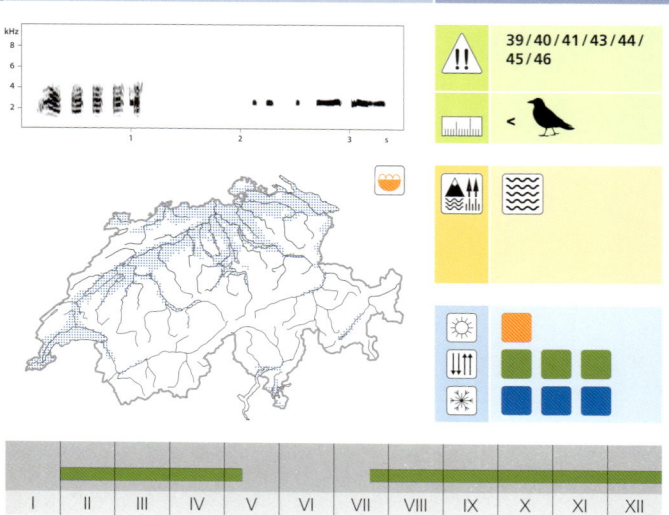

♂

♀ ≈ ⚭ ≈ ♂

39 / 40 / 41 / 43 / 44 / 45 / 46

I	II	III	IV	V	VI	VII	VIII	IX	X	XI	XII

♂ ⚥

♀ ≈ ⚥ ≈ ♂ ⚥

- ▶ Stockente
- ▶ Canard colvert
- ▶ Germano reale
- ▶ anda selvadia
- ▶ Mallard
- ▶ *Anas platyrhynchos*

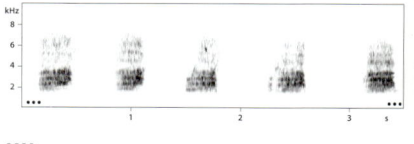

⚠ 39 / 40 / 41 / 42 / 44 / 45 / 46 / 50

📏 = 🐦

| I | II | III | IV | V | VI | VII | VIII | IX | X | XI | XII |

43

- ▶ Spiessente
- ▶ Canard pilet
- ▶ Codone
- ▶ anda gizza
- ▶ Northern Pintail
- ▶ *Anas acuta*

39 / 40 / 41 / 42 / 43 / 45 / 46 / 50

- ▶ **Knäkente**
- ▶ **Sarcelle d'été**
- ▶ **Marzaiola**
- ▶ **anda da mars**
- ▶ **Garganey**
- ▶ *Anas querquedula*

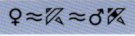

39 / 40 / 41 / 42 / 43 / 44 / 46

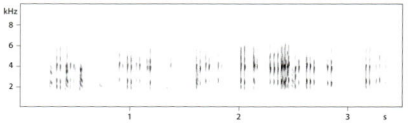

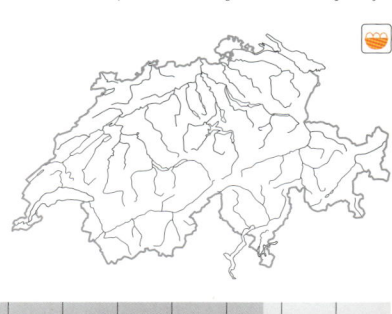

| I | II | III | IV | V | VI | VII | VIII | IX | X | XI | XII |

45

- Löffelente
- Canard souchet
- Mestolone
- anda da la palutta
- Northern Shoveler
- *Anas clypeata*

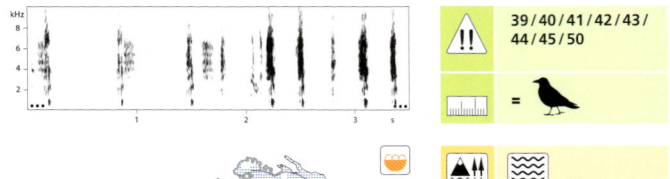

♂ ⚥

♀ ≈ ⚥ ≈ ♂ ⚥

39 / 40 / 41 / 42 / 43 / 44 / 45 / 50

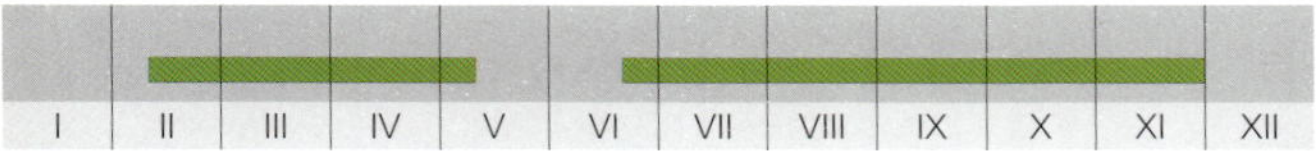

- ▶ Kolbenente
- ▶ Nette rousse
- ▶ Fistione turco
- ▶ anda cotschna
- ▶ Red-crested Pochard
- ▶ *Netta rufina*

48 / 54.2 / 54.4

47

- ▶ **Tafelente**
- ▶ **Fuligule milouin**
- ▶ **Moriglione**
- ▶ **anda fustga**
- ▶ **Common Pochard**
- ▶ *Aythya ferina*

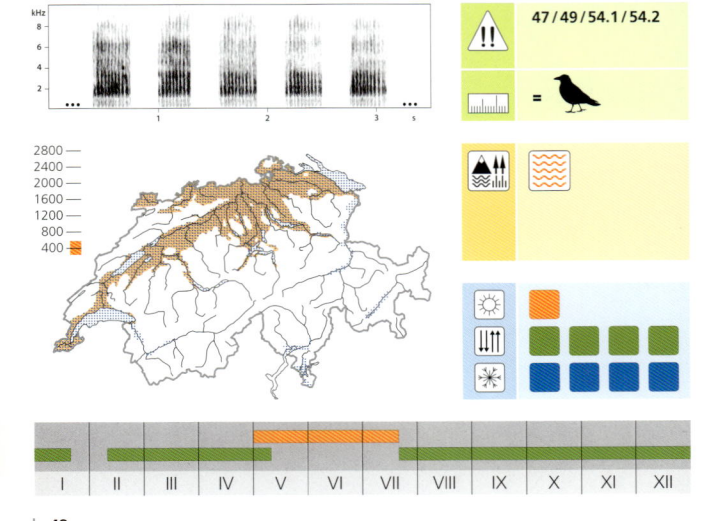

47 / 49 / 54.1 / 54.2

- ▶ Reiherente
- ▶ Fuligule morillon
- ▶ Moretta
- ▶ anda mora
- ▶ Tufted Duck
- ▶ *Aythya fuligula*

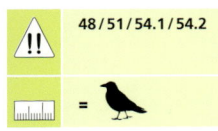

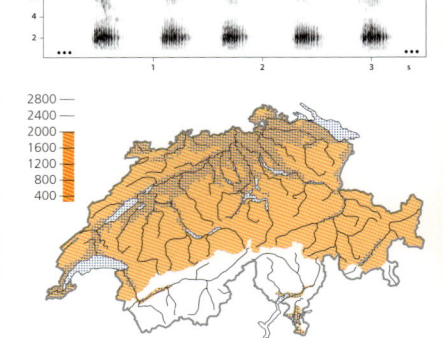

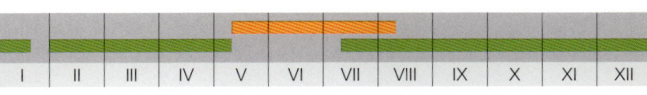

48 / 51 / 54.1 / 54.2

- ▶ **Eiderente**
- ▶ **Eider à duvet**
- ▶ **Edredone**
- ▶ **anda loma**
- ▶ **Common Eider**
- ▶ ***Somateria mollissima***

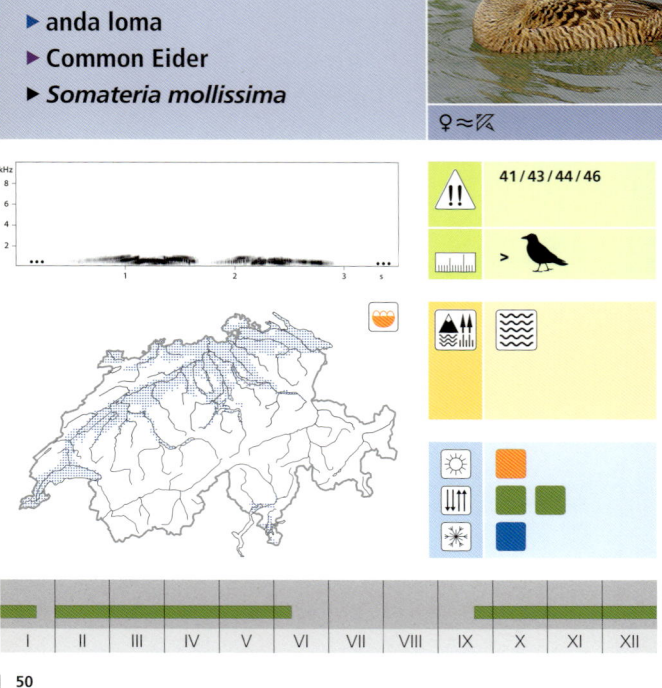

41 / 43 / 44 / 46

♂

- ▶ Schellente
- ▶ Garrot à œil d'or
- ▶ Quattrocchi
- ▶ anda stgella
- ▶ Common Goldeneye
- ▶ *Bucephala clangula*

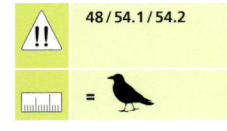

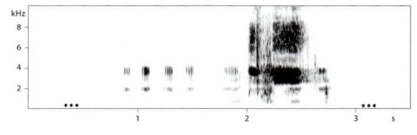

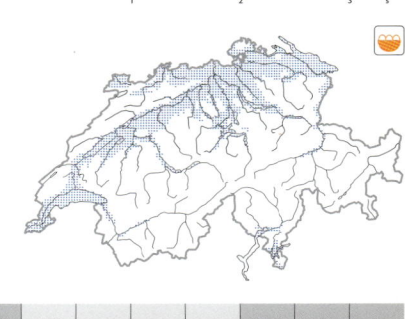

♀ ≈ ≈ ♂

48 / 54.1 / 54.2

| I | II | III | IV | V | VI | VII | VIII | IX | X | XI | XII |

51

- ▶ Gänsesäger
- ▶ Harle bièvre
- ▶ Smergo maggiore
- ▶ marel grond
- ▶ Common Merganser
- ▶ *Mergus merganser*

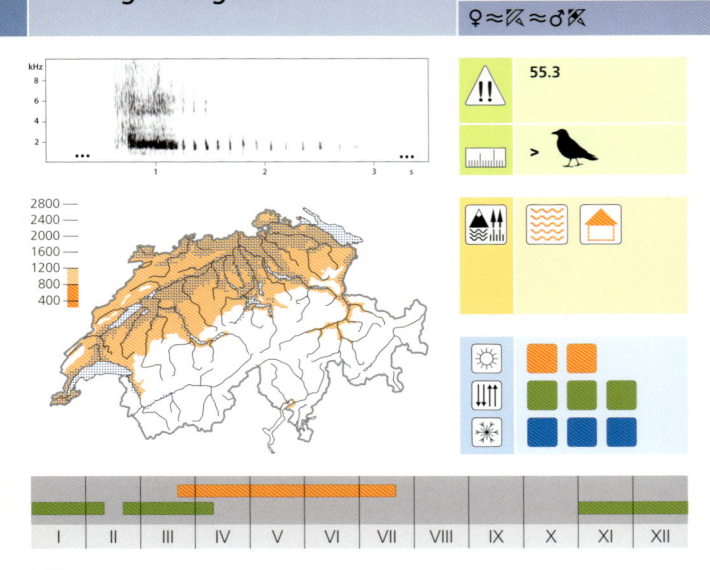

♂

♀ ≈ ⚥ ≈ ♂

55.3

> 🐦

- ▶ Zwergschwan
- ▶ Cygne de Bewick
- ▶ Cigno minore
- ▶ cign pitschen
- ▶ Tundra Swan
- ▶ *Cygnus columbianus*

♂=♀≈⚥ ⚠ 34/35

- ▶ Saatgans
- ▶ Oie des moissons
- ▶ Oca granaiola
- ▶ auca da graun
- ▶ Bean Goose
- ▶ *Anser fabalis*

♂=♀≈⚥ ⚠ 36/53.3

- ▶ Blässgans
- ▶ Oie rieuse
- ▶ Oca lombardella
- ▶ auca da la blassa
- ▶ Greater White-fronted Goose
- ▶ *Anser albifrons*

♂=♀≈⚥ ⚠ 36/53.2

53

- ▶ Moorente
- ▶ Fuligule nyroca
- ▶ Moretta tabaccata
- ▶ anda da palì
- ▶ Ferruginous Duck
- ▶ *Aythya nyroca*

⚠ 48/49/51/54.2   < 🐦   ♂🔑

♀ ≈ 🔑 ≈ ♂🔑

- ▶ Bergente
- ▶ Fuligule milouinan
- ▶ Moretta grigia
- ▶ anda da muntogna
- ▶ Greater Scaup
- ▶ *Aythya marila*

⚠ 47/48/49/51/54.1   = 🐦   ♂🔑

♀ ≈ 🔑 ≈ ♂🔑

- ▶ Eisente
- ▶ Harelde boréale
- ▶ Moretta codona
- ▶ anda da glatsch
- ▶ Long-tailed Duck
- ▶ *Clangula hyemalis*

⚠ 55.2/55.4   < 🐦   ♂🔑

♀ ≈ 🔑 ≈ ♂🔑

- ▶ Trauerente
- ▶ Macreuse noire
- ▶ Orchetto marino
- ▶ anda naira
- ▶ Black Scoter
- ▶ *Melanitta nigra*

⚠ 47/55.1/55.2   = 🐦   ♂🔑

♀ ≈ 🔑 ≈ ♂🔑

▶ Samtente
▶ Macreuse brune
▶ Orco marino
▶ anda da vali
▶ Velvet Scoter
▶ *Melanitta fusca*

54.4

▶ Zwergsäger
▶ Harle piette
▶ Pesciaiola
▶ marel pitschen
▶ Smew
▶ *Mergus albellus*

54.3 / 54.4

▶ Mittelsäger
▶ Harle huppé
▶ Smergo minore
▶ marel mesaun
▶ Red-breasted Merganser
▶ *Mergus serrator*

52

▶ Schwarzkopfruderente
▶ Erismature rousse
▶ Gobbo della Giamaica
▶ anda sprezia dal chau nair
▶ Ruddy Duck
▶ *Oxyura jamaicensis*

54.3

♂ ≈ ♀ (XII – III)

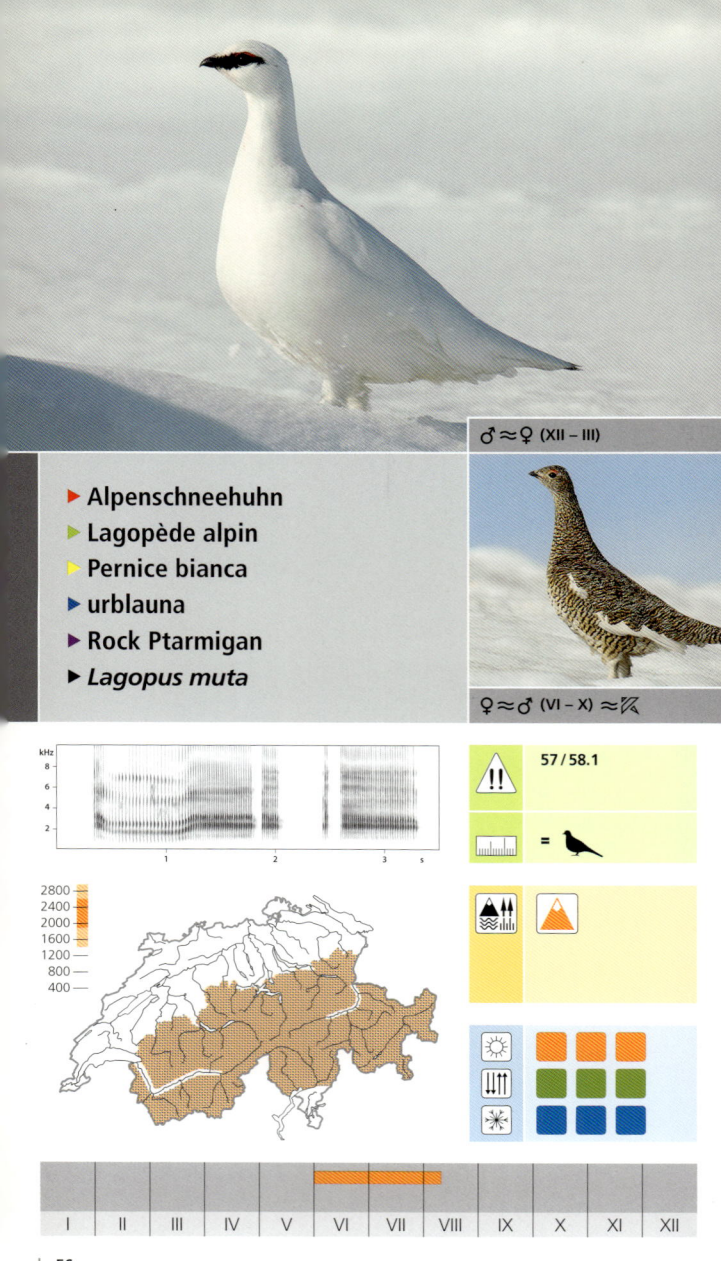

- ▶ Alpenschneehuhn
- ▶ Lagopède alpin
- ▶ Pernice bianca
- ▶ urblauna
- ▶ Rock Ptarmigan
- ▶ *Lagopus muta*

♀ ≈ ♂ (VI – X) ≈ 🐣

57 / 58.1

= 🕊

56

♂ 🎵

- ▶ **Birkhuhn**
- ▶ **Tétras lyre**
- ▶ **Fagiano di monte**
- ▶ **giaglina da draussa**
- ▶ **Black Grouse**
- ▶ ***Tetrao tetrix***

♀ ≈ 🎵

56 / 58.1 / 58.2

57

- ▶ Haselhuhn
- ▶ Gélinotte des bois
- ▶ Francolino di monte
- ▶ giaglina da guaud
- ▶ Hazel Grouse
- ▶ *Bonasa bonasia*

56/57

> ♂ ≈ ♀ ≈ 🌿

- ▶ Auerhuhn
- ▶ Grand Tétras
- ▶ Gallo cedrone
- ▶ giaglina da taus
- ▶ Western Capercaillie
- ▶ *Tetrao urogallus*

57

♂ | ♀ ≈ 🌿

- ▶ Steinhuhn
- ▶ Perdrix bartavelle
- ▶ Coturnice
- ▶ pernisch da gonda
- ▶ Rock Partridge
- ▶ *Alectoris graeca*

–

> ♂ ≈ ♀

- Rebhuhn
- Perdrix grise
- Starna
- pernisch (grischa)
- Grey Partridge
- *Perdix perdix*

♂ ≈ ♀ ≈ 🦃   ⚠ 59.2 / 59.3 / 104.3   < 🐦

- Wachtel
- Caille des blés
- Quaglia comune
- quacra
- Common Quail
- *Coturnix coturnix*

♂ ≈ ♀ ≈ 🦃   ⚠ 59.1 / 59.3 / 104.3   > 🐦

- Fasan
- Faisan de Colchide
- Fagiano comune
- fasan
- Common Pheasant
- *Phasianus colchicus*

♀ ≈ 🦃   ♂   ⚠ 59.1 / 59.2 /   > 🐦

- ▶ **Zwergtaucher**
- ▶ Grèbe castagneux
- ▶ **Tuffetto**
- ▶ sfunsella nanina
- ▶ Little Grebe
- ▶ *Tachybaptus ruficollis*

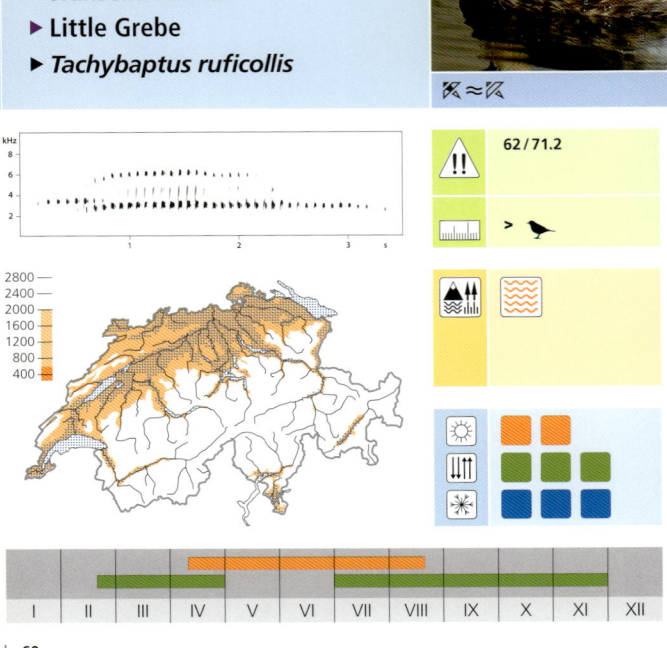

62 / 71.2

- **Haubentaucher**
- **Grèbe huppé**
- **Svasso maggiore**
- **sfunsella da la cresta**
- **Great Crested Grebe**
- ***Podiceps cristatus***

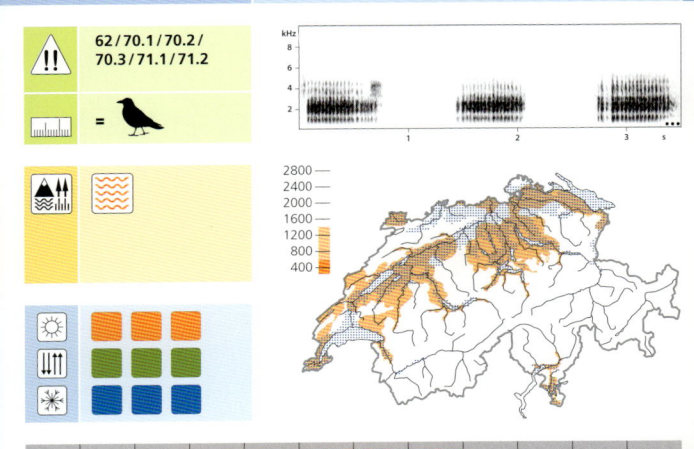

62 / 70.1 / 70.2 / 70.3 / 71.1 / 71.2

| I | II | III | IV | V | VI | VII | VIII | IX | X | XI | XII |

- ▶ Schwarzhalstaucher
- ▶ Grèbe à cou noir
- ▶ Svasso piccolo
- ▶ sfunsella naira
- ▶ Black-necked Grebe
- ▶ *Podiceps nigricollis*

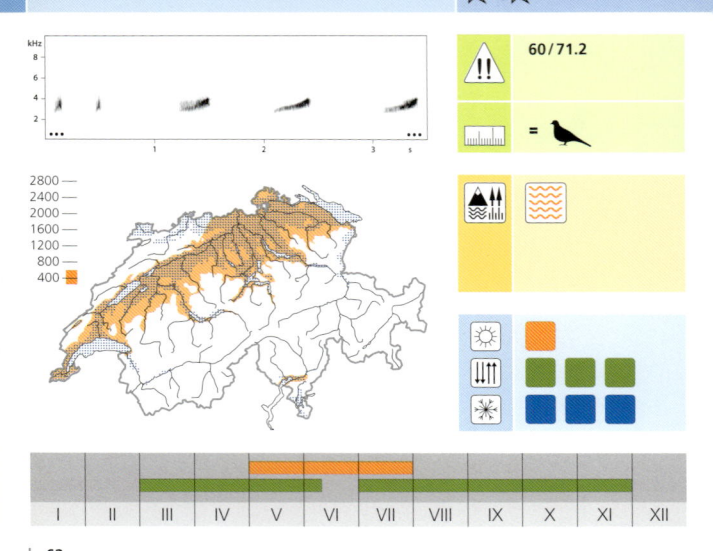

60 / 71.2

=

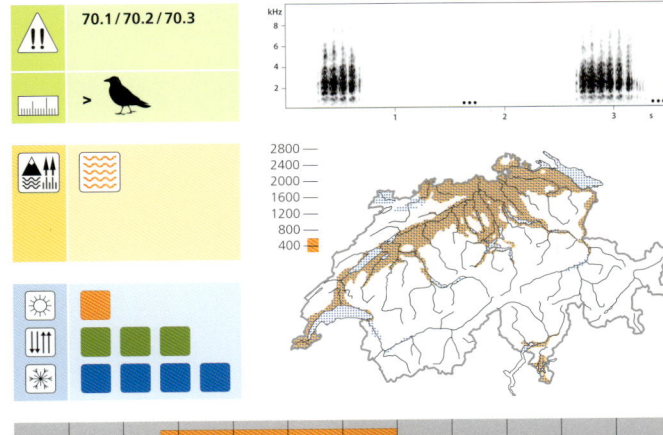

- 🔴 **Kormoran**
- 🟢 **Grand Cormoran**
- 🟡 **Cormorano**
- ▶ **cormoran**
- 🟣 **Great Cormorant**
- ▶ *Phalacrocorax carbo*

70.1 / 70.2 / 70.3

63

- ▶ Zwergdommel
- ▶ Blongios nain
- ▶ Tarabusino
- ▶ tarbegl pitschen
- ▶ Little Bittern
- ▶ *Ixobrychus minutus*

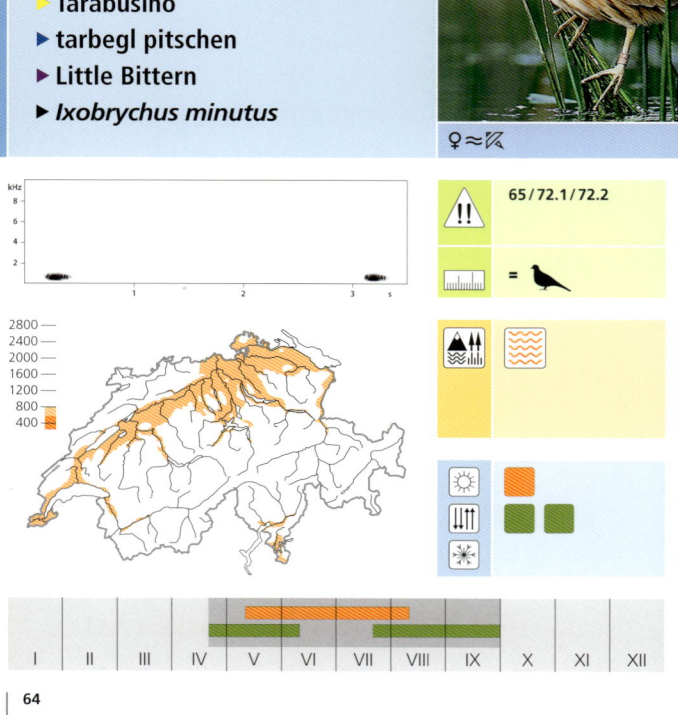

65 / 72.1 / 72.2

♂=♀

- ▶ Nachtreiher
- ▶ Bihoreau gris
- ▶ Nitticora
- ▶ irun stgarvunà
- ▶ Black-crowned Night Heron
- ▶ *Nycticorax nycticorax*

64 / 68 / 72.1 / 72.2

♂ = ♀ ≈ 🦅

- Seidenreiher
- Aigrette garzette
- Garzetta
- irun da saida
- Little Egret
- *Egretta garzetta*

♂ = ♀ ≈ 🦅

67 / 72.2 / 72.3 / 73.3

- Silberreiher
- Grande Aigrette
- Airone bianco maggiore
- irun alv
- Great Egret
- *Egretta alba*

66 / 72.2 / 72.3 / 73.3

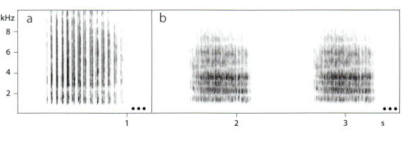

| I | II | III | IV | V | VI | VII | VIII | IX | X | XI | XII |

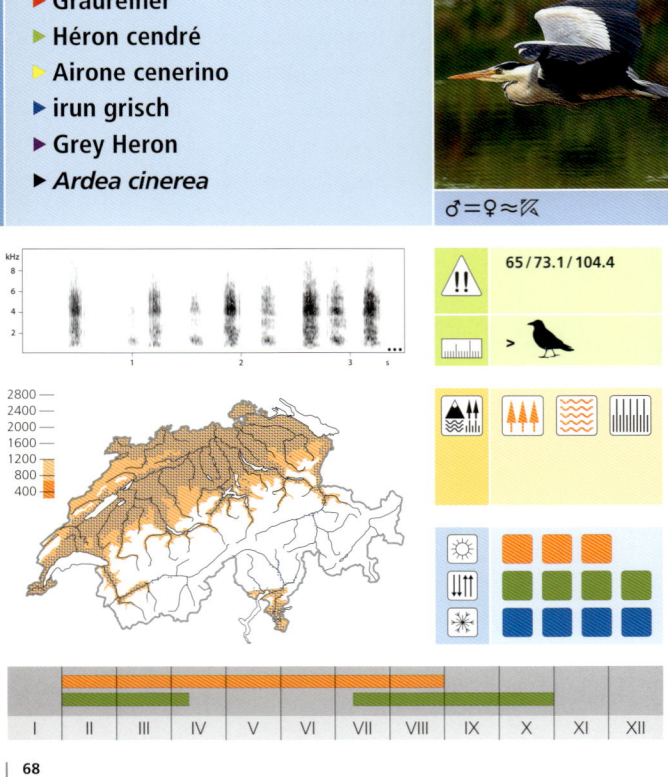

♂ = ♀ ≈ 🦜

- ▶ **Graureiher**
- ▶ **Héron cendré**
- ▶ **Airone cenerino**
- ▶ **irun grisch**
- ▶ **Grey Heron**
- ▶ *Ardea cinerea*

♂ = ♀ ≈ 🦜

65 / 73.1 / 104.4

| I | II | III | IV | V | VI | VII | VIII | IX | X | XI | XII |

♂ = ♀ ≈ 🗝

- ▶ **Weissstorch**
- ▶ **Cigogne blanche**
- ▶ **Cicogna bianca**
- ▶ **cicogna alva**
- ▶ **White Stork**
- ▶ ***Ciconia ciconia***

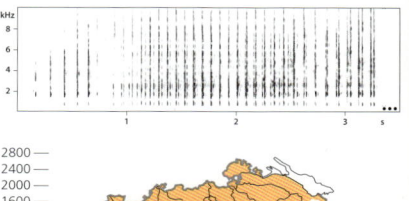

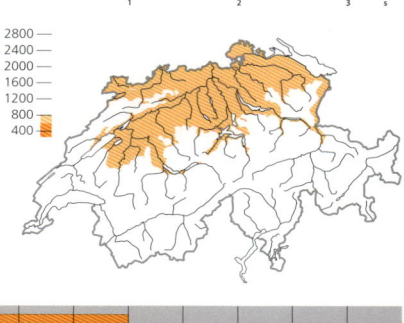

♂ = ♀ ≈ 🗝

⚠ 104.4

> 🐦

- ▶ Sterntaucher
- ▶ Plongeon catmarin
- ▶ Strolaga minore
- ▶ sfunsella stailada
- ▶ Red-throated Loon
- ▶ *Gavia stellata*

⚠ 61 / 63 / 70.2 / 70.3

🐦 ≈ 🐦

- ▶ Prachttaucher
- ▶ Plongeon arctique
- ▶ Strolaga mezzana
- ▶ sfunsella polara
- ▶ Black-throated Loon
- ▶ *Gavia arctica*

⚠ 61 / 63 / 70.1 / 70.3

🐦 ≈ 🐦

- ▶ Eistaucher
- ▶ Plongeon imbrin
- ▶ Strolaga maggiore
- ▶ sfunsella da glatsch
- ▶ Great Northern Loon
- ▶ *Gavia immer*

⚠ 61 / 63 / 70.1 / 70.2

🐦 ≈ 🐦

- ▶ Rothalstaucher
- ▶ Grèbe jougris
- ▶ Svasso collorosso
- ▶ sfunsella grischa
- ▶ Red-necked Grebe
- ▶ *Podiceps grisegena*

61 / 62 / 71.2

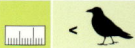

- ▶ Ohrentaucher
- ▶ Grèbe esclavon
- ▶ Svasso cornuto
- ▶ sfunsella pailusa
- ▶ Horned Grebe
- ▶ *Podiceps auritus*

60 / 61 / 62 / 71.1

- ▶ Rohrdommel
- ▶ Butor étoilé
- ▶ Tarabuso
- ▶ tarbegl grond
- ▶ Eurasian Bittern
- ▶ *Botaurus stellaris*

⚠ 64/65/72.2/73.1 📏 > 🐦 ♂=♀≈✂

- ▶ Rallenreiher
- ▶ Crabier chevelu
- ▶ Sgarza ciuffetto
- ▶ irun brin
- ▶ Squacco Heron
- ▶ *Ardeola ralloides*

⚠ 64/65/66/67/72.1/72.3 📏 = 🐦 ♂=♀≈✂

- ▶ Kuhreiher
- ▶ Héron garde-bœufs
- ▶ Airone guardabuoi
- ▶ irun bultg
- ▶ Cattle Egret
- ▶ *Bubulcus ibis*

⚠ 66/67/72.2 📏 = 🐦 ♂=♀≈✂

- Purpurreiher
- Héron pourpré
- Airone rosso
- irun cotschen
- Purple Heron
- *Ardea purpurea*

♂ = ♀ ≈ ⚥ ⚠ 68 / 72.1

- Schwarzstorch
- Cigogne noire
- Cicogna nera
- cicogna naira
- Black Stork
- *Ciconia nigra*

♂ = ♀ ≈ ⚥ ⚠ –

- Löffler
- Spatule blanche
- Spatola
- ibis dal bec plat
- Eurasian Spoonbill
- *Platalea leucorodia*

♂ = ♀ ≈ ⚥ ⚠ 66 / 67

- ▶ Wespenbussard
- ▶ Bondrée apivore
- ▶ Falco pecchiaiolo
- ▶ girun apivor
- ▶ European Honey Buzzard
- ▶ *Pernis apivorus*

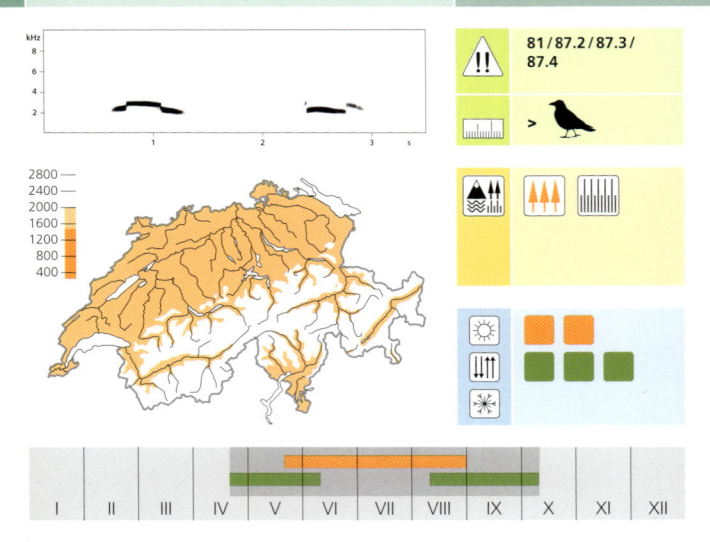

81 / 87.2 / 87.3 / 87.4

♂ = ♀ ≈ 🜸

- ▶ **Schwarzmilan**
- ▶ Milan noir
- ▶ Nibbio bruno
- ▶ milan stgir
- ▶ Black Kite
- ▶ *Milvus migrans*

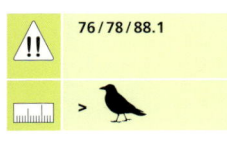

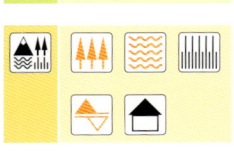

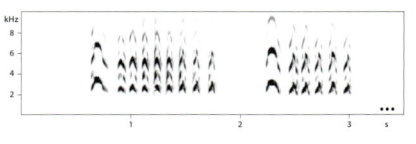

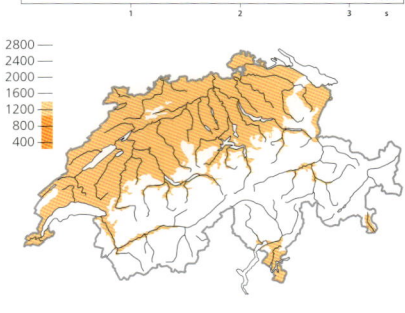

♂ = ♀ ≈ 🜸

76 / 78 / 88.1

> 🐦

- ▶ Rotmilan
- ▶ Milan royal
- ▶ Nibbio reale
- ▶ milan cotschen
- ▶ Red Kite
- ▶ *Milvus milvus*

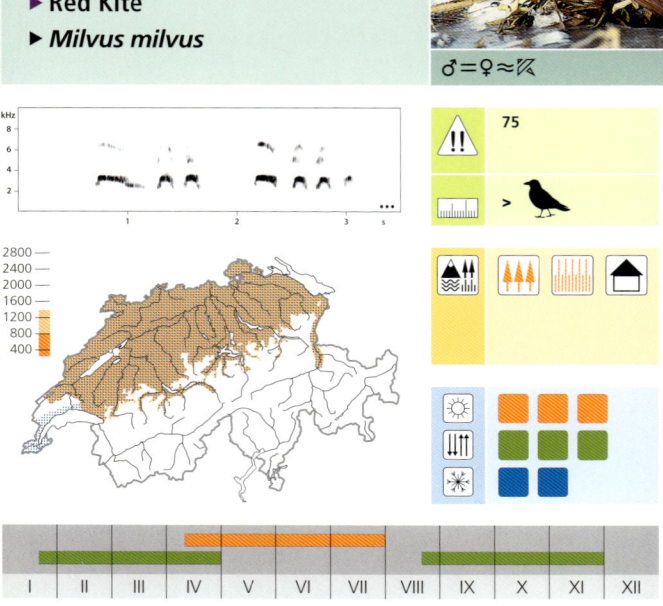

♂ = ♀

- ▶ **Bartgeier**
- ▶ **Gypaète barbu**
- ▶ **Gipeto**
- ▶ **tschess barbet**
- ▶ **Bearded Vulture**
- ▶ ***Gypaetus barbatus***

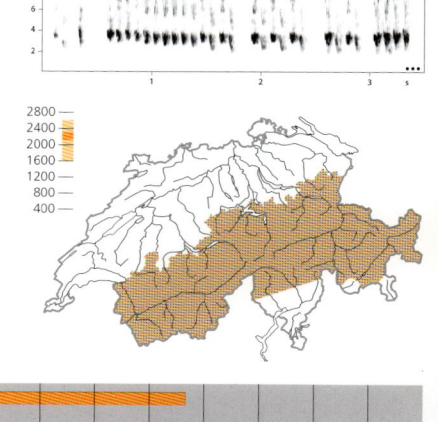

⚠ 82

I	II	III	IV	V	VI	VII	VIII	IX	X	XI	XII

- ▶ Rohrweihe
- ▶ Busard des roseaux
- ▶ Falco di palude
- ▶ melv da channa
- ▶ Western Marsh Harrier
- ▶ *Circus aeruginosus*

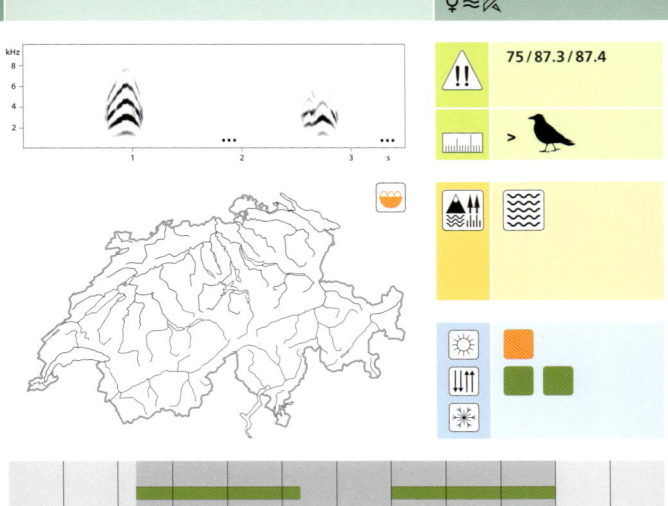

75 / 87.3 / 87.4

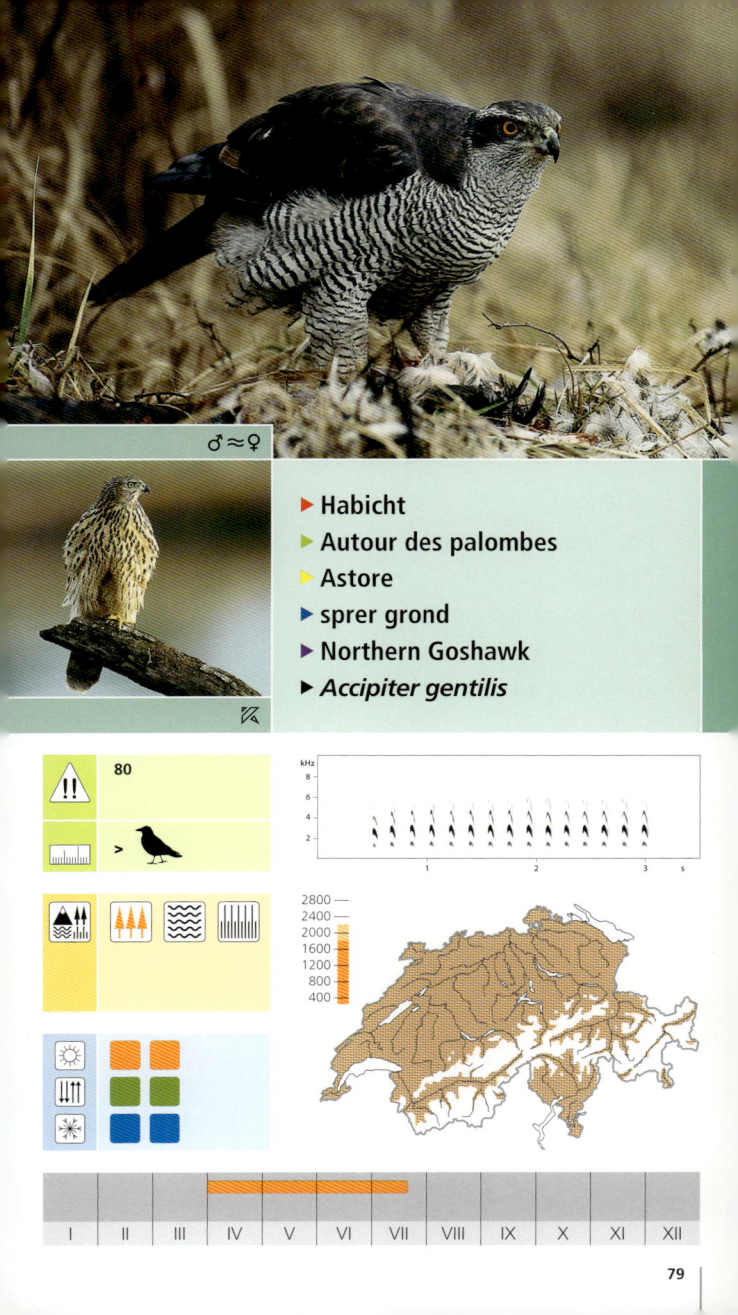

♂ ≈ ♀

- ▶ **Habicht**
- ▶ **Autour des palombes**
- ▶ **Astore**
- ▶ **sprer grond**
- ▶ **Northern Goshawk**
- ▶ *Accipiter gentilis*

80

> 🐦

| I | II | III | IV | V | VI | VII | VIII | IX | X | XI | XII |

- ▶ Sperber
- ▶ Epervier d'Europe
- ▶ Sparviere
- ▶ sprer (pitschen)
- ▶ Eurasian Sparrowhawk
- ▶ *Accipiter nisus*

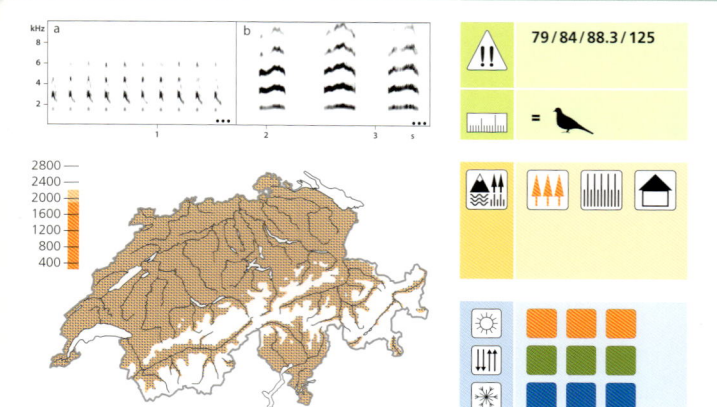

79 / 84 / 88.3 / 125

♂=♀≈⚥

- ▶ **Mäusebussard**
- ▶ **Buse variable**
- ▶ **Poiana**
- ▶ **girun da mieurs**
- ▶ **Common Buzzard**
- ▶ *Buteo buteo*

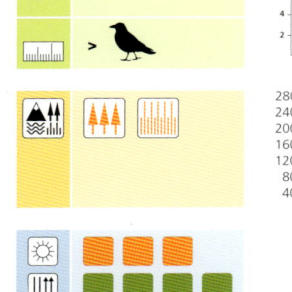

♂=♀≈⚥

74 / 82 / 83 / 87.2 / 88.1

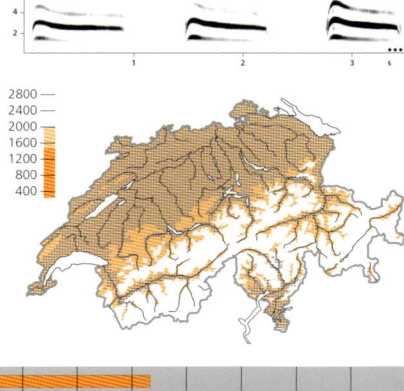

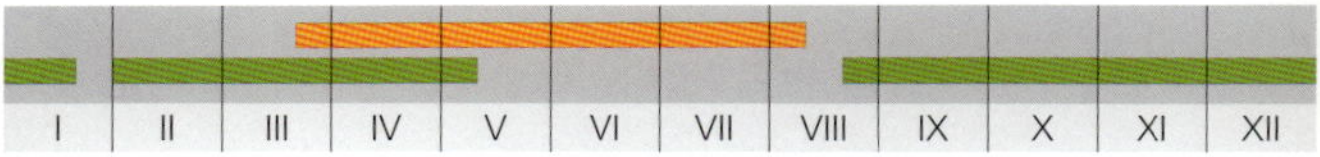

- ▶ **Steinadler**
- ▶ Aigle royal
- ▶ Aquila reale
- ▶ evla (da la pizza)
- ▶ Golden Eagle
- ▶ *Aquila chrysaetos*

♂ = ♀

77 / 81 / 87.1 / 88.1

♂ = ♀ ≈ ⚥

- ▶ **Fischadler**
- ▶ **Balbuzard pêcheur**
- ▶ **Falco pescatore**
- ▶ **evla da peschs**
- ▶ **Osprey**
- ▶ ***Pandion haliaetus***

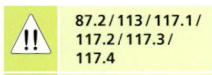

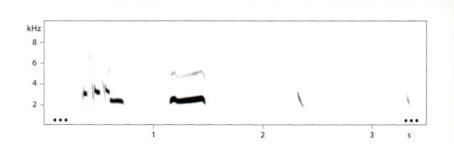

♂ = ♀ ≈ ⚥

⚠ 87.2 / 113 / 117.1 / 117.2 / 117.3 / 117.4

> 🐦

| I | II | III | IV | V | VI | VII | VIII | IX | X | XI | XII |

83

- ▶ Turmfalke
- ▶ Faucon crécerelle
- ▶ Gheppio
- ▶ crivel
- ▶ Common Kestrel
- ▶ *Falco tinnunculus*

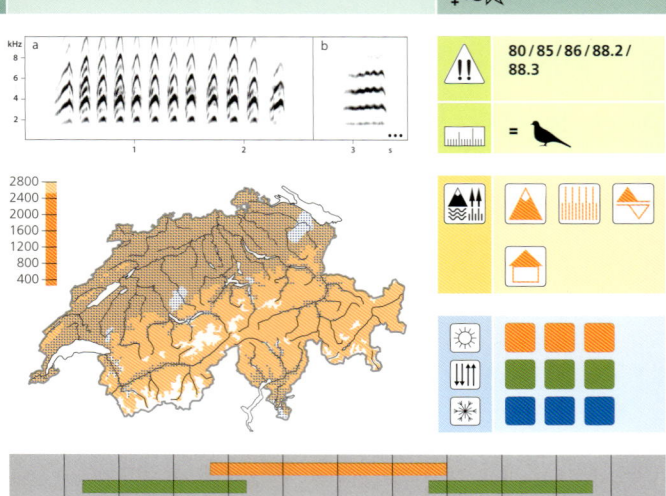

♂

♀ ≈ ⚥

80 / 85 / 86 / 88.2 / 88.3

♂ = ♀ ≈ ☆

- ▶ **Baumfalke**
- ▶ **Faucon hobereau**
- ▶ **Lodolaio**
- ▶ **falcun da feglia**
- ▶ **Eurasian Hobby**
- ▶ *Falco subbuteo*

♂ = ♀ ≈ ☆

84 / 86 / 88.2 / 88.3

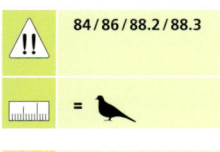

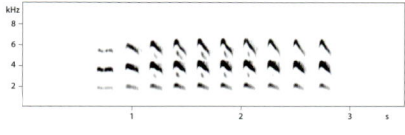

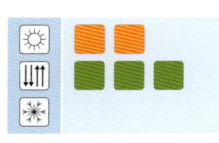

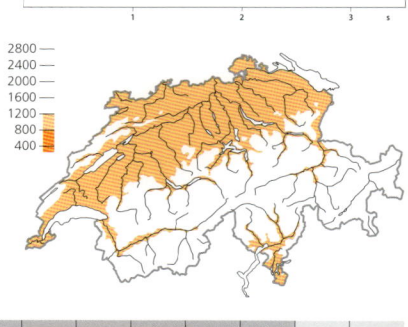

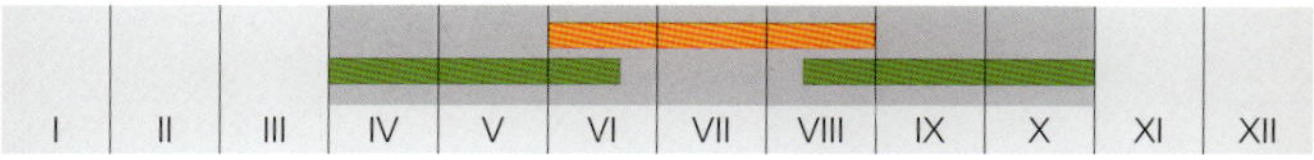

= 🐦

♂ = ♀

- ▶ Wanderfalke
- ▶ Faucon pèlerin
- ▶ Falco pellegrino
- ▶ falcun pelegrin
- ▶ Peregrine Falcon
- ▶ *Falco peregrinus*

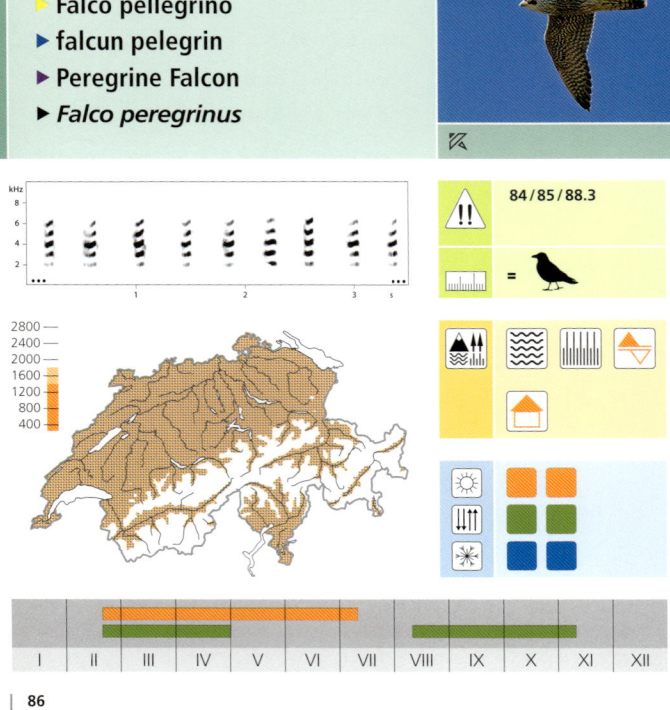

84 / 85 / 88.3

- ▶ Seeadler
- ▶ Pygargue à queue blanche
- ▶ Aquila di mare
- ▶ evla da mar
- ▶ White-tailed Eagle
- ▶ *Haliaeetus albicilla*

♂=♀ ≈ 🗡   ⚠ 82/88.1

- ▶ Schlangenadler
- ▶ Circaète Jean-le-Blanc
- ▶ Biancone
- ▶ evla alva
- ▶ Short-toed Snake Eagle
- ▶ *Circaetus gallicus*

♂=♀ ≈ 🗡   ⚠ 74/81/83

- ▶ Kornweihe
- ▶ Busard Saint-Martin
- ▶ Albanella reale
- ▶ melv da graun
- ▶ Northern Harrier
- ▶ *Circus cyaneus*

♀≈🗡   ♂   ⚠ 74/78/87.4

- ▶ Wiesenweihe
- ▶ Busard cendré
- ▶ Albanella minore
- ▶ melv da prada
- ▶ Montagu's Harrier
- ▶ *Circus pygargus*

♀≈🗡   ♂   ⚠ 74/78/87.3

- ▶ Schelladler
- ▶ Aigle criard
- ▶ Aquila anatraia maggiore
- ▶ evla-stgella gronda
- ▶ Greater Spotted Eagle
- ▶ *Aquila clanga*

⚠️ 75/81/82/87.1   📏   > 🐦   ♂=♀≈🦅

- ▶ Rotfussfalke
- ▶ Faucon kobez
- ▶ Falco cuculo
- ▶ falcun vespertin
- ▶ Red-footed Falcon
- ▶ *Falco vespertinus*

♀≈🦅

⚠️ 84/85/86/88.3   📏   = 🐦   ♂

- ▶ Merlin
- ▶ Faucon émerillon
- ▶ Smeriglio
- ▶ falcun merlin
- ▶ Merlin
- ▶ *Falco columbarius*

⚠️ 80/84/85/86/88.2   📏   < 🐦   ♂   ♀≈🦅

♂ = ♀

- ▶ **Wasserralle**
- ▶ Râle d'eau
- ▶ Porciglione
- ▶ ralla da l'aua
- ▶ Water Rail
- ▶ *Rallus aquaticus*

90 / 104.1 / 104.2

89

♂ = ♀

- ▶ Teichhuhn
- ▶ Gallinule poule-d'eau
- ▶ Gallinella d'acqua
- ▶ pulsauna da l'aua
- ▶ Common Moorhen
- ▶ *Gallinula chloropus*

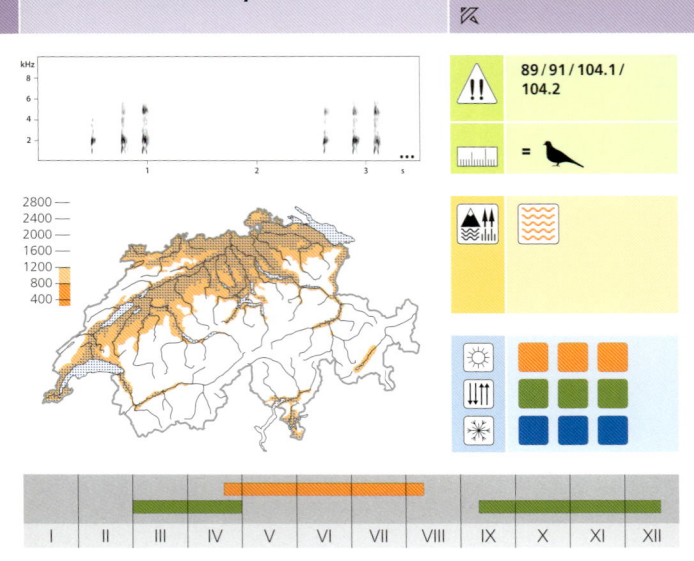

89 / 91 / 104.1 / 104.2

90

♂=♀

- ▶ Blässhuhn
- ▶ Foulque macroule
- ▶ Folaga
- ▶ fulca
- ▶ Eurasian Coot
- ▶ *Fulica atra*

⚠️ 90

\> 🕊

| I | II | III | IV | V | VI | VII | VIII | IX | X | XI | XII |

- ▶ **Flussregenpfeifer**
- ▶ **Petit Gravelot**
- ▶ **Corriere piccolo**
- ▶ **gravarel pitschen**
- ▶ **Little Ringed Plover**
- ▶ *Charadrius dubius*

106.1 / 106.2

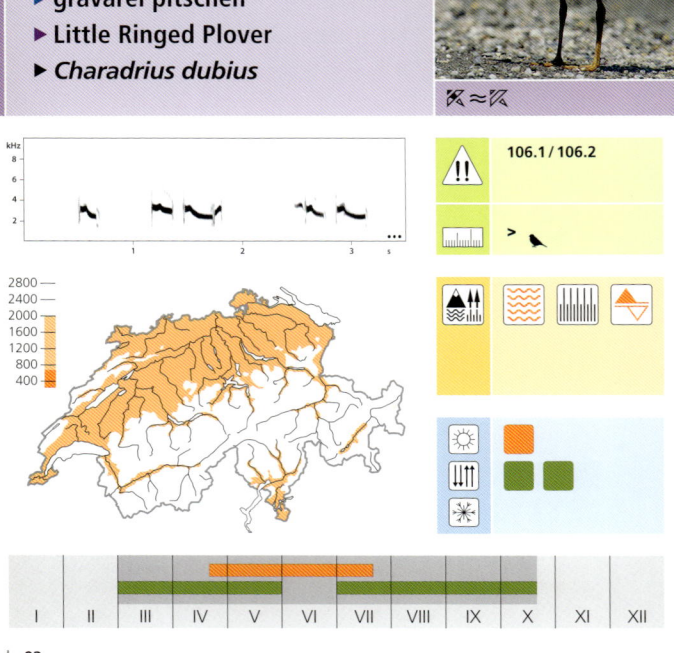

92

♂ ≈ ♀ ≈ 🌿

▶ **Kiebitz**
▶ **Vanneau huppé**
▶ **Pavoncella**
▶ **vanel**
▶ **Northern Lapwing**
▶ ***Vanellus vanellus***

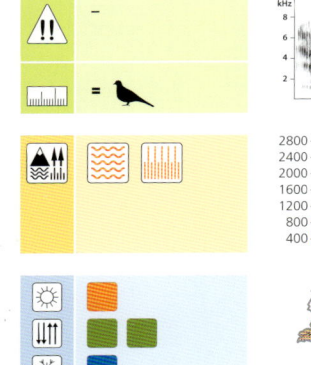

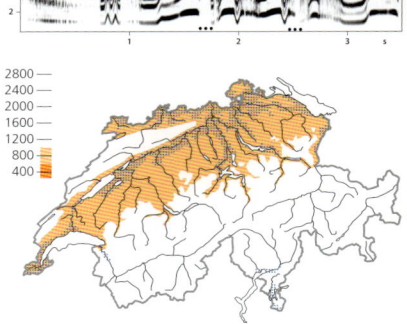

93

- ▶ Alpenstrandläufer
- ▶ Bécasseau variable
- ▶ Piovanello pancianera
- ▶ rivarel alpin
- ▶ Dunlin
- ▶ *Calidris alpina*

107.2 / 107.3 / 107.4 / 108.1 / 108.2 / 110.3

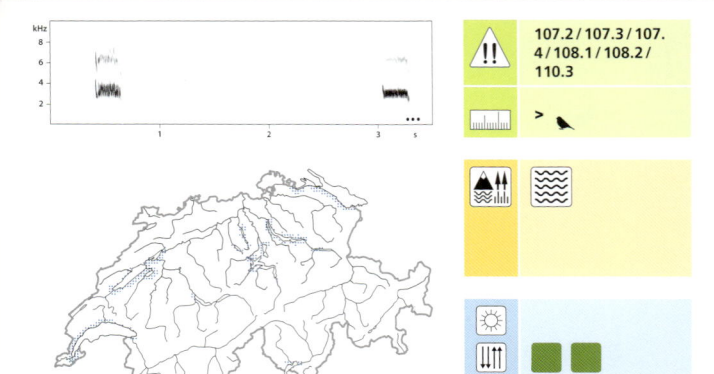

♂ ⚥

♀ ≈ ♂ ⚥ ≈ ⚥

- ▶ **Kampfläufer**
- ▶ **Combattant varié**
- ▶ **Combattente**
- ▶ **rivarel lutgader**
- ▶ **Ruff**
- ▶ *Philomachus pugnax*

99 / 100 / 101 / 102 / 103 / 109.3 / 110.1

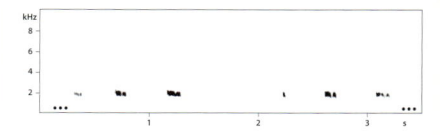

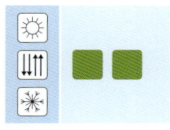

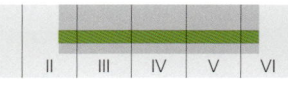

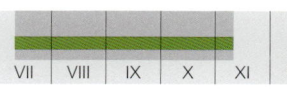

> 🐦

| I | II | III | IV | V | VI | VII | VIII | IX | X | XI | XII |

95

- ▶ Bekassine
- ▶ Bécassine des marais
- ▶ Beccaccino
- ▶ becassina da pali
- ▶ Common Snipe
- ▶ *Gallinago gallinago*

♂ = ♀ ≈ 🌿

97 / 108.3

| I | II | III | IV | V | VI | VII | VIII | IX | X | XI | XII |

♂ = ♀ ≈ 🦅

- ▶ Waldschnepfe
- ▶ Bécasse des bois
- ▶ Beccaccia
- ▶ becassa
- ▶ Eurasian Woodcock
- ▶ *Scolopax rusticola*

♂ = ♀ ≈ 🦅

96 / 108.3

97

- Grosser Brachvogel
- Courlis cendré
- Chiurlo maggiore
- fliaun grond
- Eurasian Curlew
- *Numenius arquata*

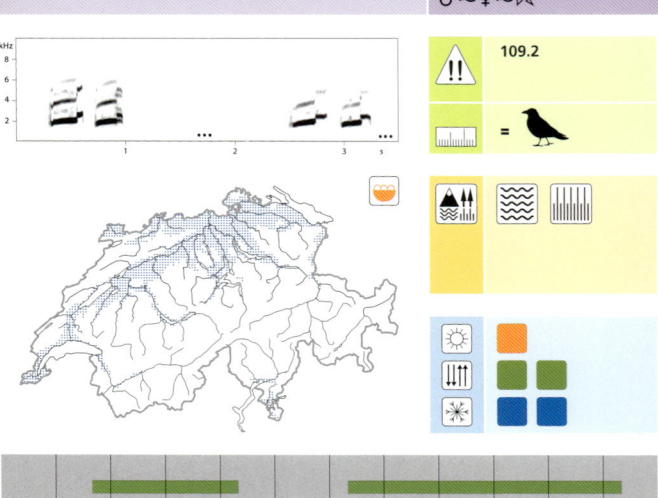

109.2

- ▶ **Rotschenkel**
- ▶ **Chevalier gambette**
- ▶ **Pettegola**
- ▶ **trintga cotschna**
- ▶ **Common Redshank**
- ▶ *Tringa totanus*

95 / 100 / 101 / 102 / 103 / 108.4 / 109.1 / 109.3 / 110.1

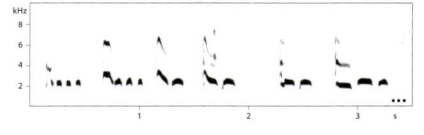

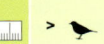

99

- ▶ Grünschenkel
- ▶ Chevalier aboyeur
- ▶ Pantana
- ▶ trintga verda
- ▶ Common Greenshank
- ▶ *Tringa nebularia*

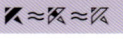

95 / 99 / 101 / 102 / 103 / 108.4 / 109.1 / 109.3 / 110.1

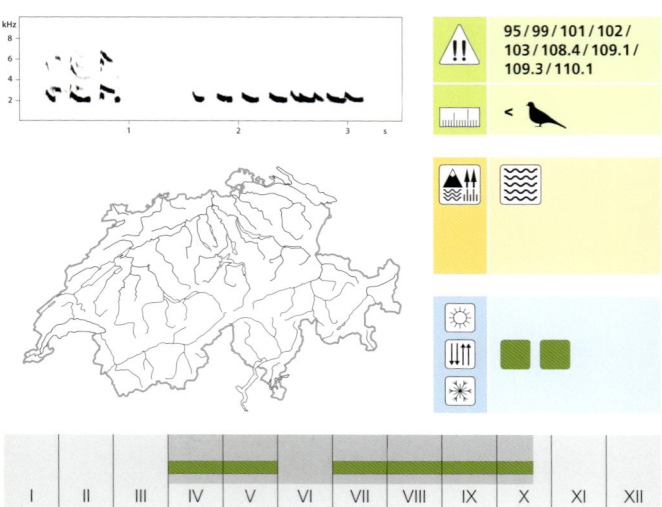

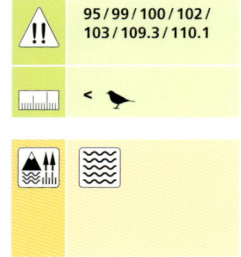

- ▶ Waldwasserläufer
- ▶ Chevalier culblanc
- ▶ Piro piro culbianco
- ▶ trintga da guaud
- ▶ Green Sandpiper
- ▶ *Tringa ochropus*

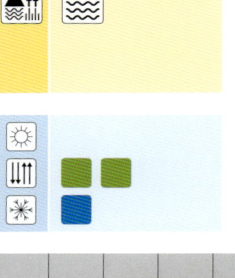

95 / 99 / 100 / 102 / 103 / 109.3 / 110.1

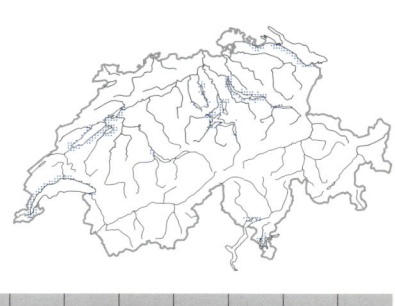

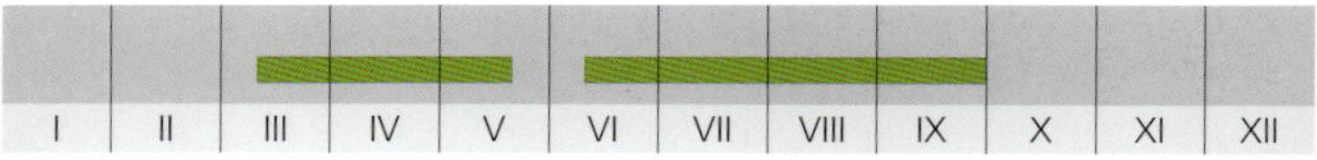

101

- ▶ Bruchwasserläufer
- ▶ Chevalier sylvain
- ▶ Piro piro boschereccio
- ▶ trintga da palì
- ▶ Wood Sandpiper
- ▶ *Tringa glareola*

95 / 99 / 100 / 101 / 103 / 109.3 / 110.1

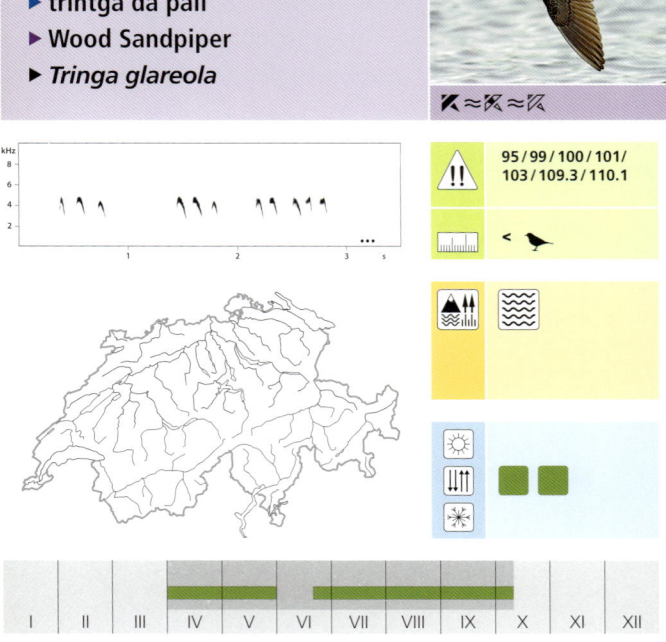

| I | II | III | IV | V | VI | VII | VIII | IX | X | XI | XII |

♂ = ♀ ≈ 🦅

♂ = ♀ ≈ 🦅

- ▶ **Flussuferläufer**
- ▶ **Chevalier guignette**
- ▶ **Piro piro piccolo**
- ▶ **rivaun cumin**
- ▶ **Common Sandpiper**
- ▶ *Actitis hypoleucos*

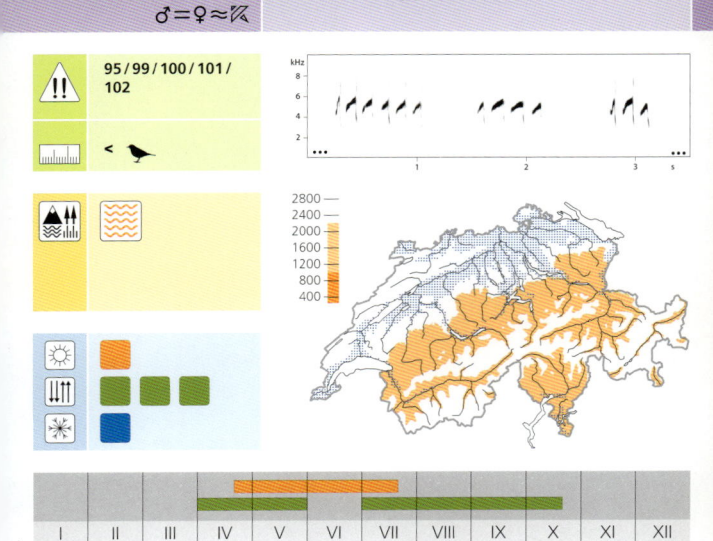

95 / 99 / 100 / 101 / 102

103

- ▶ Tüpfelsumpfhuhn
- ▶ Marouette ponctuée
- ▶ Voltolino
- ▶ pulsauna da palì
- ▶ Spotted Crake
- ▶ *Porzana porzana*

⚠ 89 / 90 / 104.2   < 🐦   ♂ = ♀ ≈ 🌣

- ▶ Kleines Sumpfhuhn
- ▶ Marouette poussin
- ▶ Schiribilla
- ▶ pulsauna pitschna
- ▶ Little Crake
- ▶ *Porzana parva*

⚠ 89 / 90 / 104.1   > 🐦   ♀ ≈ 🌣   ♂

- ▶ Wachtelkönig
- ▶ Râle des genêts
- ▶ Re di quaglie
- ▶ quaglia
- ▶ Corn Crake
- ▶ *Crex crex*

⚠ 59.1 / 59.2   = 🐦   ♂ = ♀ ≈ 🌣

- ▶ Kranich
- ▶ Grue cendrée
- ▶ Gru
- ▶ gru grisch
- ▶ Common Crane
- ▶ *Grus grus*

🌣

⚠ 68 / 69   = 🐦   ♂ = ♀

- Austernfischer
- Huîtrier pie
- Beccaccia di mare
- austrel
- Eurasian Oystercatcher
- *Haematopus ostralegus*

- Stelzenläufer
- Echasse blanche
- Cavaliere d'Italia
- gambun pitschen
- Black-winged Stilt
- *Himantopus himantopus*

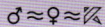

- Säbelschnäbler
- Avocette élégante
- Avocetta
- gambun grond
- Pied Avocet
- *Recurvirostra avosetta*

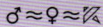

- Triel
- Œdicnème criard
- Occhione
- burbin
- Eurasian Stone-curlew
- *Burhinus oedicnemus*

- ▶ Sandregenpfeifer
- ▶ Grand Gravelot
- ▶ Corriere grosso
- ▶ gravarel grond
- ▶ Common Ringed Plover
- ▶ *Charadrius hiaticula*

⚠ 92 / 106.2

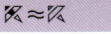

- ▶ Seeregenpfeifer
- ▶ Gravelot à collier interrompu
- ▶ Fratino
- ▶ gravarel da riva
- ▶ Kentish Plover
- ▶ *Charadrius alexandrinus*

⚠ 92 / 106.1

- ▶ Mornellregenpfeifer
- ▶ Pluvier guignard
- ▶ Piviere tortolino
- ▶ gravarel brin
- ▶ Eurasian Dotterel
- ▶ *Charadrius morinellus*

⚠ 106.4 / 107.1

- ▶ Goldregenpfeifer
- ▶ Pluvier doré
- ▶ Piviere dorato
- ▶ gravarel dorà
- ▶ European Golden Plover
- ▶ *Pluvialis apricaria*

⚠ 106.3 / 107.1

- ▶ Kiebitzregenpfeifer
- ▶ Pluvier argenté
- ▶ Pivieressa
- ▶ gravarel d'argient
- ▶ Grey Plover
- ▶ *Pluvialis squatarola*

⚠ 106.3 / 106.4 / 107.2   > 🐦

- ▶ Knutt
- ▶ Bécasseau maubèche
- ▶ Piovanello maggiore
- ▶ rivarel grisch
- ▶ Red Knot
- ▶ *Calidris canutus*

⚠ 94 / 107.3 / 107.1 / 108.2   = 🐦

- ▶ Sanderling
- ▶ Bécasseau sanderling
- ▶ Piovanello tridattilo
- ▶ rivarel sabluner
- ▶ Sanderling
- ▶ *Calidris alba*

⚠ 94 / 107.2 / 107.4 / 108.1 / 108.2 / 110.3   < 🐦

- ▶ Zwergstrandläufer
- ▶ Bécasseau minute
- ▶ Gambecchio comune
- ▶ rivarel nanin
- ▶ Little Stint
- ▶ *Calidris minuta*

⚠ 94 / 107.3 / 108.1 / 108.2 / 110.3   = 🐦

- Temminckstrandläufer
- Bécasseau de Temminck
- Gambecchio nano
- rivarel pitschen
- Temminck's Stint
- *Calidris temminckii*

⚠️ 94 / 107.3 / 107.4 / 108.2 / 110.3

♂ ≈ ♀ ≈ juv.

- Sichelstrandläufer
- Bécasseau cocorli
- Piovanello comune
- rivarel dal bec tort
- Curlew Sandpiper
- *Calidris ferruginea*

⚠️ 94 / 107.2 / 107.3 / 107.4 / 108.1

♀ ≈ juv.   ♂

- Zwergschnepfe
- Bécassine sourde
- Frullino
- becassina pitschna
- Jack Snipe
- *Lymnocryptes minimus*

⚠️ 96 / 97

♂ = ♀ ≈ juv.

- Uferschnepfe
- Barge à queue noire
- Pittima reale
- becassina da riva
- Black-tailed Godwit
- *Limosa limosa*

⚠️ 99 / 100 / 109.1 / 109.3

♂ ≈ ♀ ≈ juv.

- ▶ **Pfuhlschnepfe**
- ▶ Barge rousse
- ▶ Pittima minore
- ▶ becassina da ruina
- ▶ Bar-tailed Godwit
- ▶ *Limosa lapponica*

♂⚥ ♂⚥ ≈ ♀ ≈ ⚥ ⚠ 99 / 100 / 102 / 103 / 108.4 / 109.3 / 110.1 < 🐦

- ▶ **Regenbrachvogel**
- ▶ Courlis corlieu
- ▶ Chiurlo piccolo
- ▶ fliaun pitschen
- ▶ Whimbrel
- ▶ *Numenius phaeopus*

♂=♀≈⚥ ⚠ 98 > 🐦

- ▶ **Dunkler Wasserläufer**
- ▶ Chevalier arlequin
- ▶ Totano moro
- ▶ trintga naira
- ▶ Spotted Redshank
- ▶ *Tringa erythropus*

⚥ ⚥ ≈ ⚥ ⚠ 99 / 100 / 101 / 102 / 109.1 / 110.1 < 🐦

109

- ▶ Teichwasserläufer
- ▶ Chevalier stagnatile
- ▶ Albastrello
- ▶ trintga da puz
- ▶ Marsh Sandpiper
- ▶ *Tringa stagnatilis*

⚠️ 95/99/100/101/ 102/109.1/109.3

- ▶ Steinwälzer
- ▶ Tournepierre à collier
- ▶ Voltapietre
- ▶ rivarel mascrà
- ▶ Ruddy Turnstone
- ▶ *Arenaria interpres*

- ▶ Odinshühnchen
- ▶ Phalarope à bec étroit
- ▶ Falaropo beccosottile
- ▶ rivarel fin
- ▶ Red-necked Phalarope
- ▶ *Phalaropus lobatus*

⚠️ 94/107.3/ 107.4/108.1

- Lachmöwe
- Mouette rieuse
- Gabbiano comune
- muetta rienta
- Common Black-headed Gull
- *Larus ridibundus*

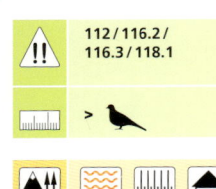

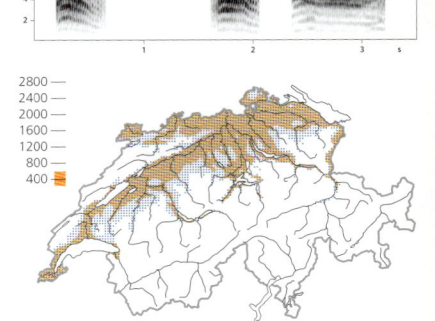

112 / 116.2 / 116.3 / 118.1

111

- ▶ **Sturmmöwe**
- ▶ Goéland cendré
- ▶ Gavina
- ▶ muetta da tschendra
- ▶ Mew Gull
- ▶ *Larus canus*

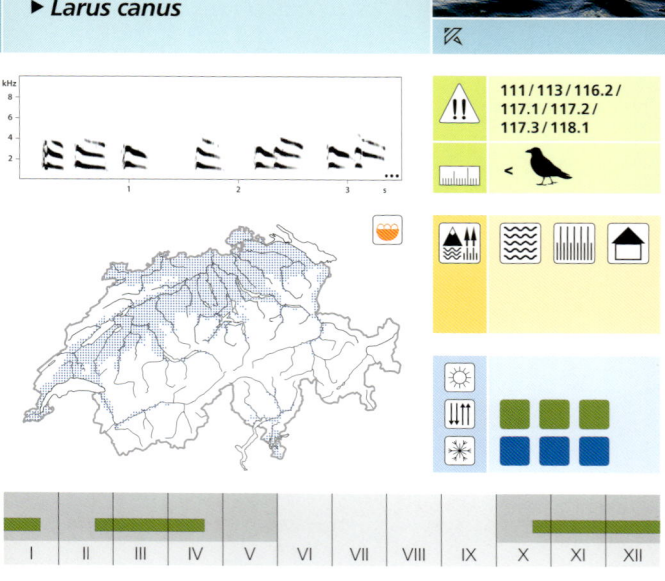

111 / 113 / 116.2 / 117.1 / 117.2 / 117.3 / 118.1

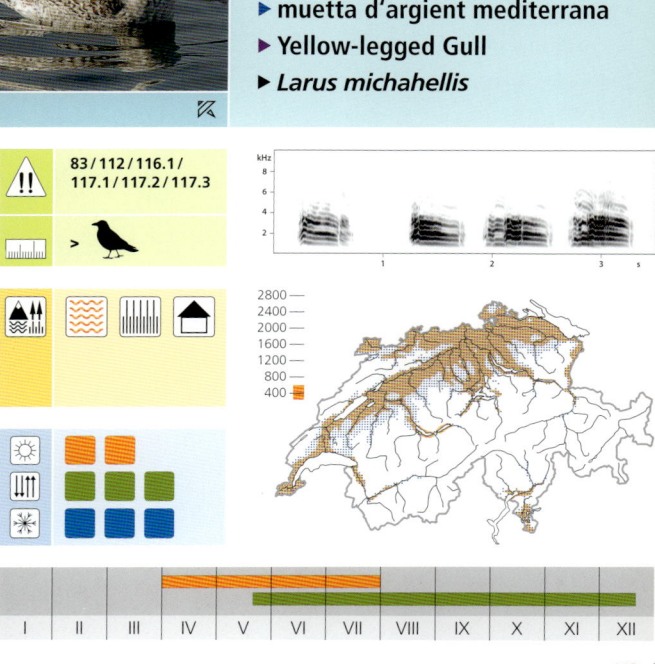

- ▶ Mittelmeermöwe
- ▶ Goéland leucophée
- ▶ Gabbiano reale
- ▶ muetta d'argient mediterrana
- ▶ Yellow-legged Gull
- ▶ *Larus michahellis*

83 / 112 / 116.1 / 117.1 / 117.2 / 117.3

- ▶ Flussseeschwalbe
- ▶ Sterne pierregarin
- ▶ Sterna comune
- ▶ pestgarel da flum
- ▶ Common Tern
- ▶ *Sterna hirundo*

115 / 118.2 / 118.3 / 118.4 / 119.1 / 119.2 / 119.3

- ▶ **Trauerseeschwalbe**
- ▶ Guifette noire
- ▶ Mignattino comune
- ▶ pestgarel nair
- ▶ Black Tern
- ▶ *Chlidonias niger*

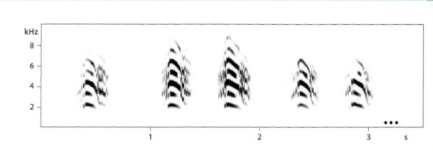

114 / 116.3 / 119.1 / 119.2 / 119.3 / 119.4

- ▶ Schmarotzerraubmöwe
- ▶ Labbe parasite
- ▶ Labbo
- ▶ muetta parasita
- ▶ Parasitic Jaeger
- ▶ *Stercorarius parasiticus*

♂=♀≈🦅

⚠ 113/117.1/117.2/117.3

♂=♀≈🦅

- ▶ Schwarzkopfmöwe
- ▶ Mouette mélanocéphale
- ▶ Gabbiano corallino
- ▶ muetta dal chau nair
- ▶ Mediterranean Gull
- ▶ *Larus melanocephalus*

🦅≈🦅

⚠ 111/112/116.3/118.1

🦅

- ▶ Zwergmöwe
- ▶ Mouette pygmée
- ▶ Gabbianello
- ▶ muetta pitschna
- ▶ Little Gull
- ▶ *Larus minutus*

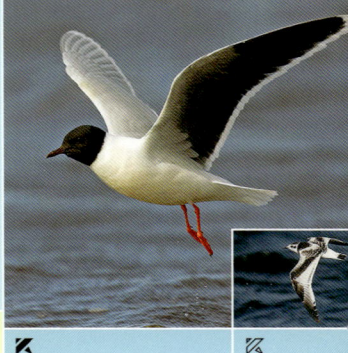

⚠ 111/115/116.2/118.1/119.1/119.3/119.4

🦅 　 🦅

- ▶ Heringsmöwe
- ▶ Goéland brun
- ▶ Zafferano
- ▶ muetta fustga
- ▶ Lesser Black-backed Gull
- ▶ *Larus fuscus*

⚠ 83 / 113 / 116.1 / 117.2 / 117.3 / 117.4

- ▶ Silbermöwe
- ▶ Goéland argenté
- ▶ Gabbiano reale nordico
- ▶ muetta d'argient
- ▶ Herring Gull
- ▶ *Larus argentatus*

⚠ 83 / 113 / 116.1 / 117.1 / 117.3 / 117.4

- ▶ Steppenmöwe
- ▶ Goéland pontique
- ▶ Gabbiano reale pontico
- ▶ muetta caspica
- ▶ Caspian Gull
- ▶ *Larus cachinnans*

⚠ 83 / 113 / 116.1 / 117.1 / 117.2 / 117.4

- ▶ Mantelmöwe
- ▶ Goéland marin
- ▶ Mugnaiaccio
- ▶ muetta da mar
- ▶ Great Black-backed Gull
- ▶ *Larus marinus*

⚠ 83 / 113 / 117.1 / 117.2 / 117.3

- ▶ Dreizehenmöwe
- ▶ Mouette tridactyle
- ▶ Gabbiano tridattilo
- ▶ muetta traidet
- ▶ Black-legged Kittiwake
- ▶ *Rissa tridactyla*

⚠️ 111 / 112 / 116.2 / 116.3

- ▶ Lachseeschwalbe
- ▶ Sterne hansel
- ▶ Sterna zampenere
- ▶ pestgarel chomma naira
- ▶ Gull-billed Tern
- ▶ *Sterna nilotica*

⚠️ 114 / 118.3 / 118.4 / 119.1

- ▶ Raubseeschwalbe
- ▶ Sterne caspienne
- ▶ Sterna maggiore
- ▶ pestgarel caspic
- ▶ Caspian Tern
- ▶ *Sterna caspia*

⚠️ 114 / 118.2 / 118.4 / 119.1

- ▶ Brandseeschwalbe
- ▶ Sterne caugek
- ▶ Beccapesci
- ▶ pestgarel piclapeschs
- ▶ Sandwich Tern
- ▶ *Sterna sandvicensis*

⚠️ 114 / 118.2 / 118.3 / 119.1

- ▶ Küstenseeschwalbe
- ▶ Sterne arctique
- ▶ Sterna codalunga
- ▶ pestgarel arctic
- ▶ Arctic Tern
- ▶ *Sterna paradisaea*

⚠️ 114/115/116.3/118.2/118.3/118.4/119.2 = 🐦

- ▶ Zwergseeschwalbe
- ▶ Sterne naine
- ▶ Fraticello
- ▶ pestgarel pitschen
- ▶ Little Tern
- ▶ *Sterna albifrons*

⚠️ 114/115/119.1/119.3/119.4 < 🐦

- ▶ Weissbartseeschwalbe
- ▶ Guifette moustac
- ▶ Mignattino piombato
- ▶ pestgarel grisch
- ▶ Whiskered Tern
- ▶ *Chlidonias hybrida*

⚠️ 114/115/116.3/119.1/119.2/119.4 < 🐦

- ▶ Weissflügelseeschwalbe
- ▶ Guifette leucoptère
- ▶ Mignattino alibianche
- ▶ pestgarel alv
- ▶ White-winged Tern
- ▶ *Chlidonias leucopterus*

⚠️ 114/115/116.3/119.1/119.2/119.3 < 🐦

♂=♀≈ 🗝

- ▶ **Strassentaube**
- ▶ **Pigeon biset domestique**
- ▶ **Piccione torraiolo**
- ▶ **columba da chasa**
- ▶ **Feral Pigeon**
- ▶ ***Columba livia* forma *domestica***

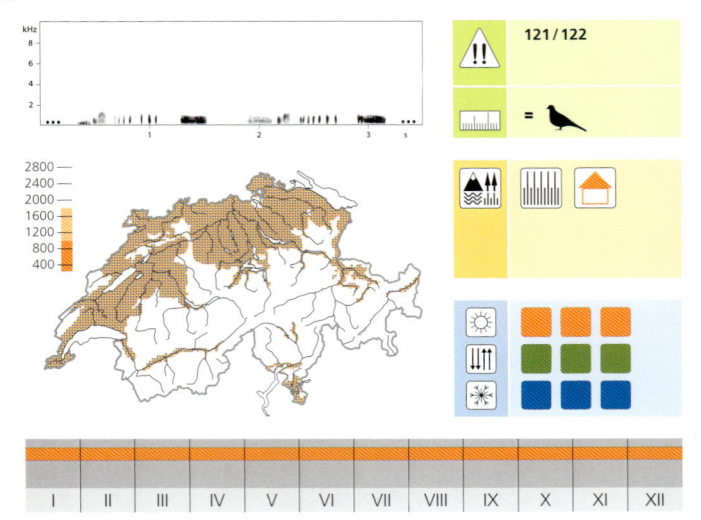

♂=♀≈ 🗝

121 / 122

- ▶ **Hohltaube**
- ▶ **Pigeon colombin**
- ▶ **Colombella**
- ▶ **columbella**
- ▶ **Stock Dove**
- ▶ ***Columba oenas***

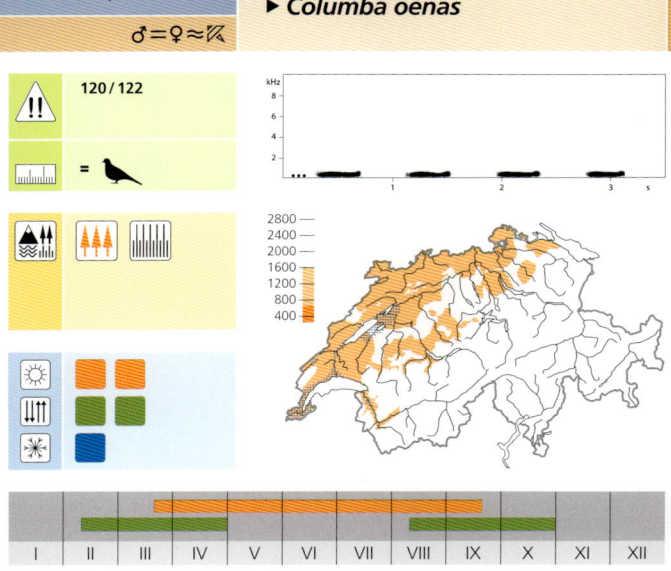

120 / 122

121

- ▶ **Ringeltaube**
- ▶ **Pigeon ramier**
- ▶ **Colombaccio**
- ▶ **tidun**
- ▶ **Common Wood Pigeon**
- ▶ *Columba palumbus*

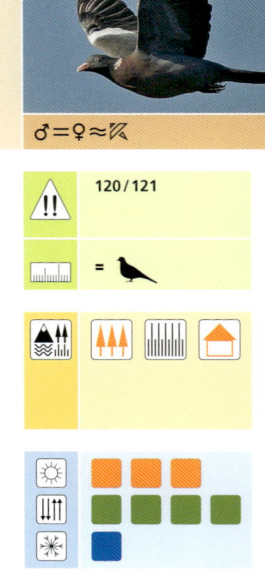

♂ = ♀ ≈ 🦅

120 / 121

122

♂ = ♀ ≈ 🞰

- ▶ **Türkentaube**
- ▶ **Tourterelle turque**
- ▶ **Tortora dal collare**
- ▶ **columba tirca**
- ▶ **Eurasian Collared Dove**
- ▶ ***Streptopelia decaocto***

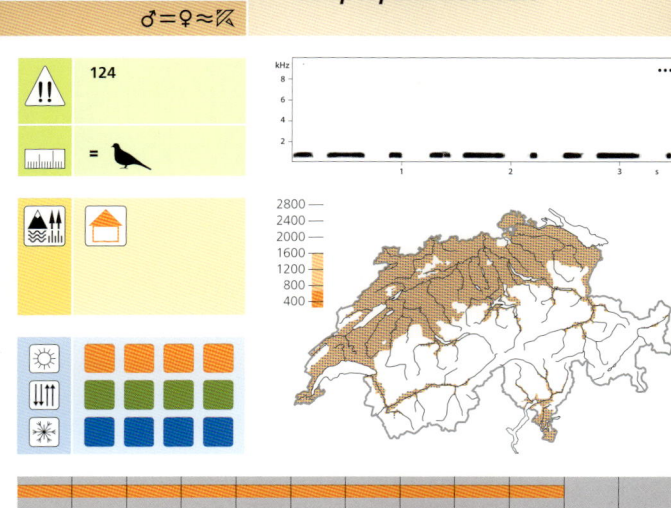

124

123

♂=♀≈⚥

- ▶ **Turteltaube**
- ▶ **Tourterelle des bois**
- ▶ **Tortora selvatica**
- ▶ **turturella**
- ▶ **European Turtle Dove**
- ▶ *Streptopelia turtur*

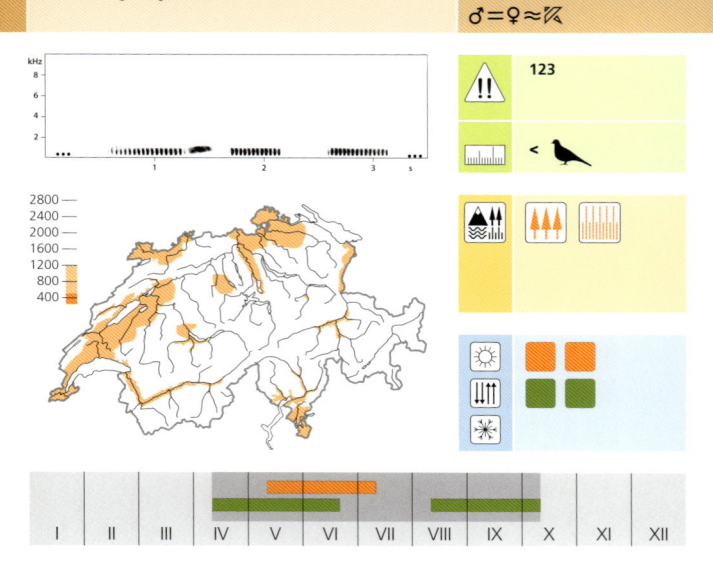

♂=♀≈⚥

⚠ 123

< 🕊

124

♂=♀≈🪶

- Kuckuck
- Coucou gris
- Cuculo
- cucu
- Common Cuckoo
- *Cuculus canorus*

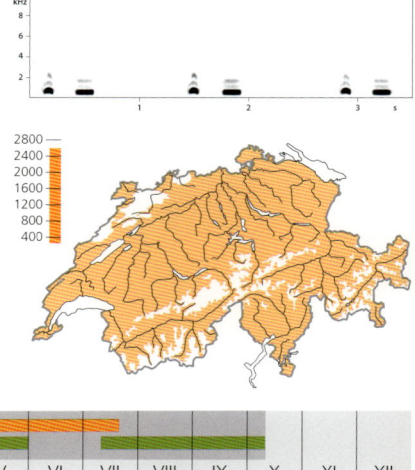

♂=♀≈🪶

80

♂=♀

- ▶ Schleiereule
- ▶ Effraie des clochers
- ▶ Barbagianni
- ▶ tschuetta velada
- ▶ Barn Owl
- ▶ *Tyto alba*

131.1

= 🕊

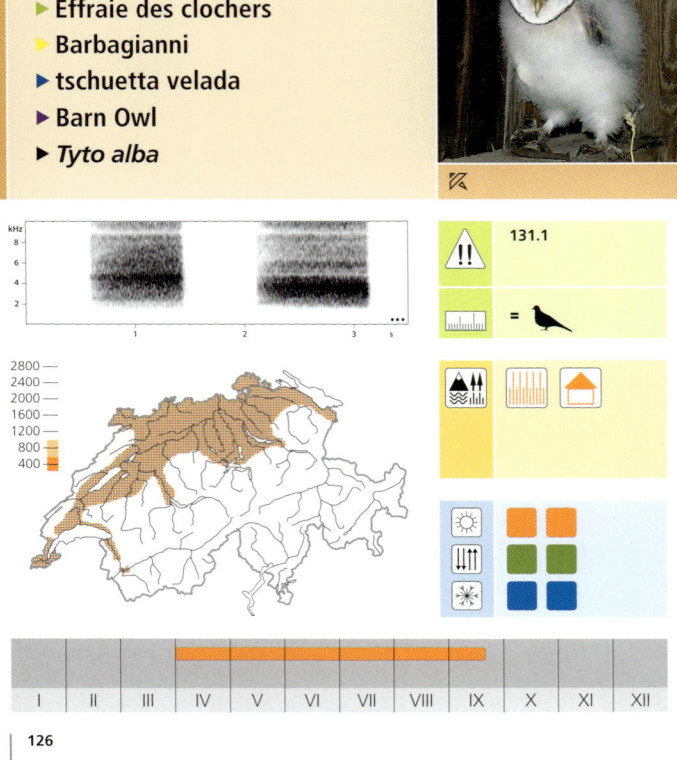

| I | II | III | IV | V | VI | VII | VIII | IX | X | XI | XII |

♂ = ♀

- ▶ Uhu
- ▶ Grand-duc d'Europe
- ▶ Gufo reale
- ▶ piv (grond)
- ▶ Eurasian Eagle-Owl
- ▶ *Bubo bubo*

128 / 129 / 131.1

- ▶ Waldkauz
- ▶ Chouette hulotte
- ▶ Allocco
- ▶ tschuetta (da guaud)
- ▶ Tawny Owl
- ▶ *Strix aluco*

♂ = ♀

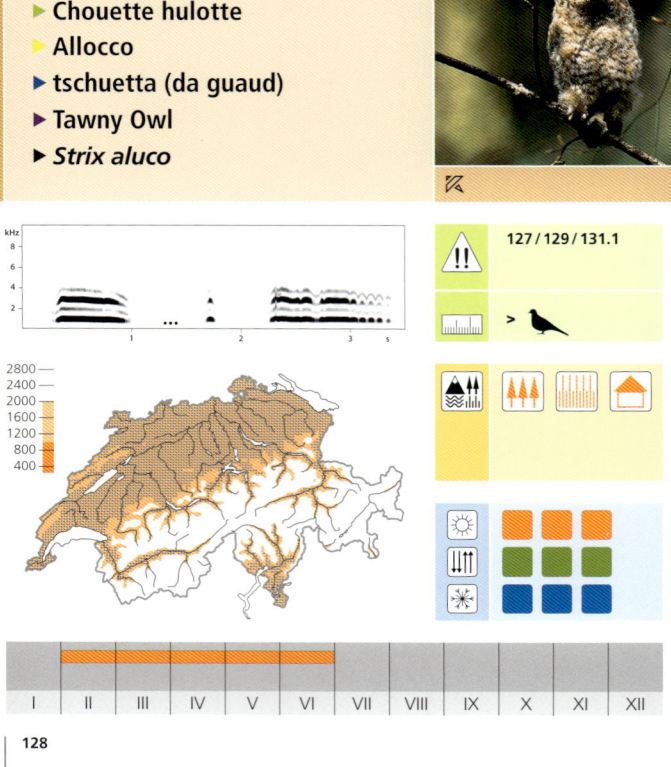

127 / 129 / 131.1

♂ = ♀

- ▶ Waldohreule
- ▶ Hibou moyen-duc
- ▶ Gufo comune
- ▶ piv mesaun
- ▶ Long-eared Owl
- ▶ *Asio otus*

127 / 128 / 131.1 / 131.2

129

- ▶ Zwergohreule
- ▶ Petit-duc scops
- ▶ Assiolo
- ▶ piv nanin
- ▶ Eurasian Scops Owl
- ▶ *Otus scops*

⚠ 130.2 / 130.3 / 131.2   < 🐦   ♂ = ♀ ≈ 🦉

- ▶ Sperlingskauz
- ▶ Chevêchette d'Europe
- ▶ Civetta nana
- ▶ tschuetta nanina
- ▶ Eurasian Pygmy Owl
- ▶ *Glaucidium passerinum*

⚠ 130.1 / 130.3 / 131.2   > 🐦   ♂ = ♀ ≈ 🦉

- ▶ Steinkauz
- ▶ Chevêche d'Athéna
- ▶ Civetta
- ▶ tschuetta da la mort
- ▶ Little Owl
- ▶ *Athene noctua*

⚠ 130.1 / 130.2 / 131.2   = 🐦   ♂ = ♀ ≈ 🦉

- ▶ Sumpfohreule
- ▶ Hibou des marais
- ▶ Gufo di palude
- ▶ piv da palì
- ▶ Short-eared Owl
- ▶ *Asio flammeus*

♂ = ♀ ≈ ⚥ ⚠ 126 / 127 / 128 / 129 📏 = 🐦

- ▶ Raufusskauz
- ▶ Chouette de Tengmalm
- ▶ Civetta capogrosso
- ▶ tschuetta dal pe pailus
- ▶ Boreal Owl
- ▶ *Aegolius funereus*

♂ = ♀ ≈ ⚥ ⚠ 128 / 130.1 / 130.2 / 130.3 📏 = 🐦

- ▶ Ziegenmelker
- ▶ Engoulevent d'Europe
- ▶ Succiacapre
- ▶ chavret
- ▶ European Nightjar
- ▶ *Caprimulgus europaeus*

♂ = ♀ ≈ ⚥ ⚠ – 📏 = 🐦

- ▶ **Alpensegler**
- ▶ **Martinet à ventre blanc**
- ▶ **Rondone maggiore**
- ▶ **randurel grond**
- ▶ **Alpine Swift**
- ▶ *Apus melba*

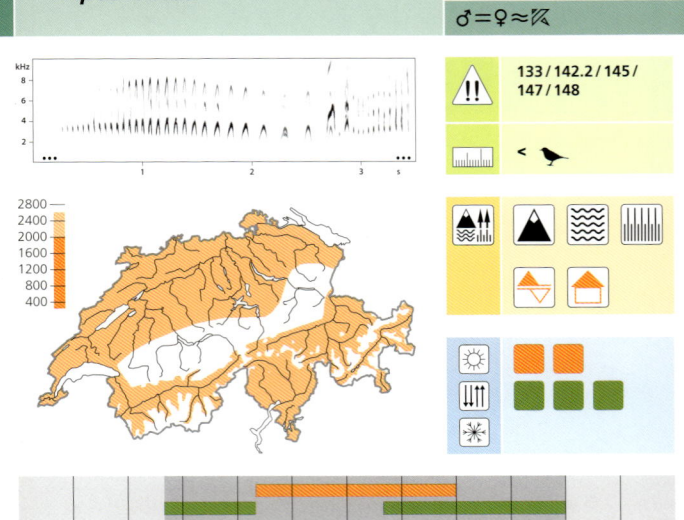

133 / 142.2 / 145 / 147 / 148

♂ = ♀ ≈ 🦅

- ▶ **Mauersegler**
- ▶ **Martinet noir**
- ▶ **Rondone comune**
- ▶ **randurel pitschen**
- ▶ **Common Swift**
- ▶ *Apus apus*

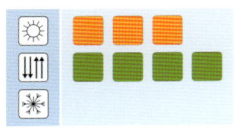

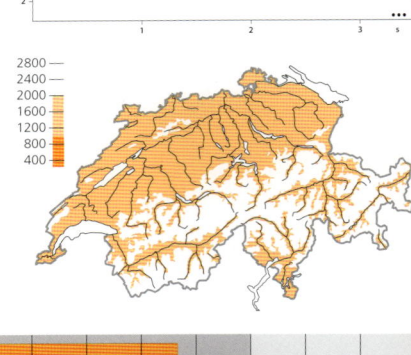

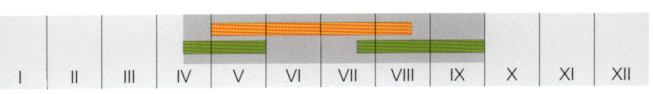

132 / 142.2 / 146

- ▶ Eisvogel
- ▶ Martin-pêcheur d'Europe
- ▶ Martin pescatore
- ▶ pestgaderin
- ▶ Common Kingfisher
- ▶ *Alcedo atthis*

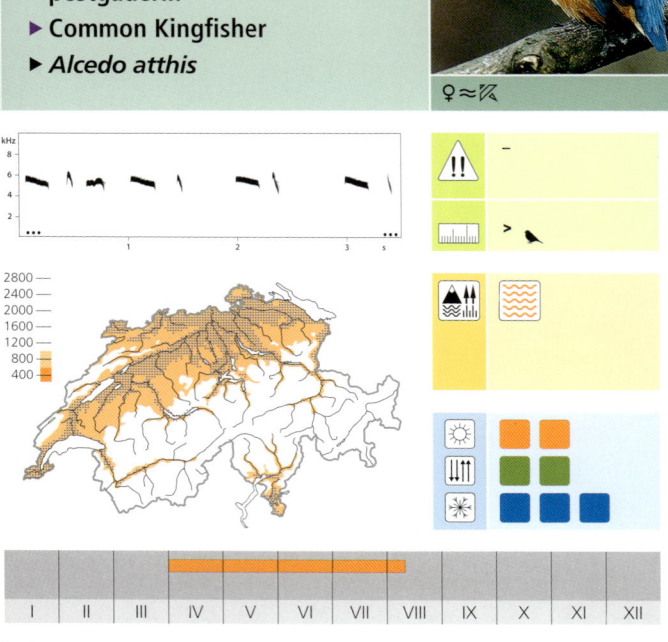

♂=♀≈✗

- ▶ **Wiedehopf**
- ▶ **Huppe fasciée**
- ▶ **Upupa**
- ▶ **cot da matg**
- ▶ **Eurasian Hoopoe**
- ▶ ***Upupa epops***

♂=♀≈✗

- ▶ **Wendehals**
- ▶ **Torcol fourmilier**
- ▶ **Torcicollo**
- ▶ **volvachau**
- ▶ **Eurasian Wryneck**
- ▶ *Jynx torquilla*

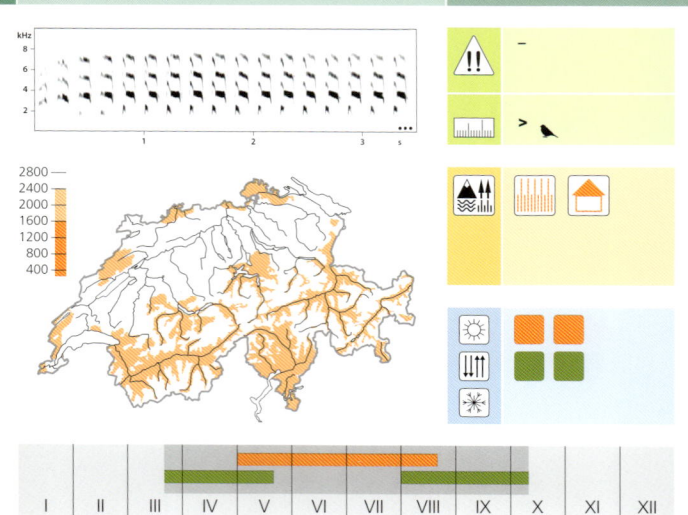

136

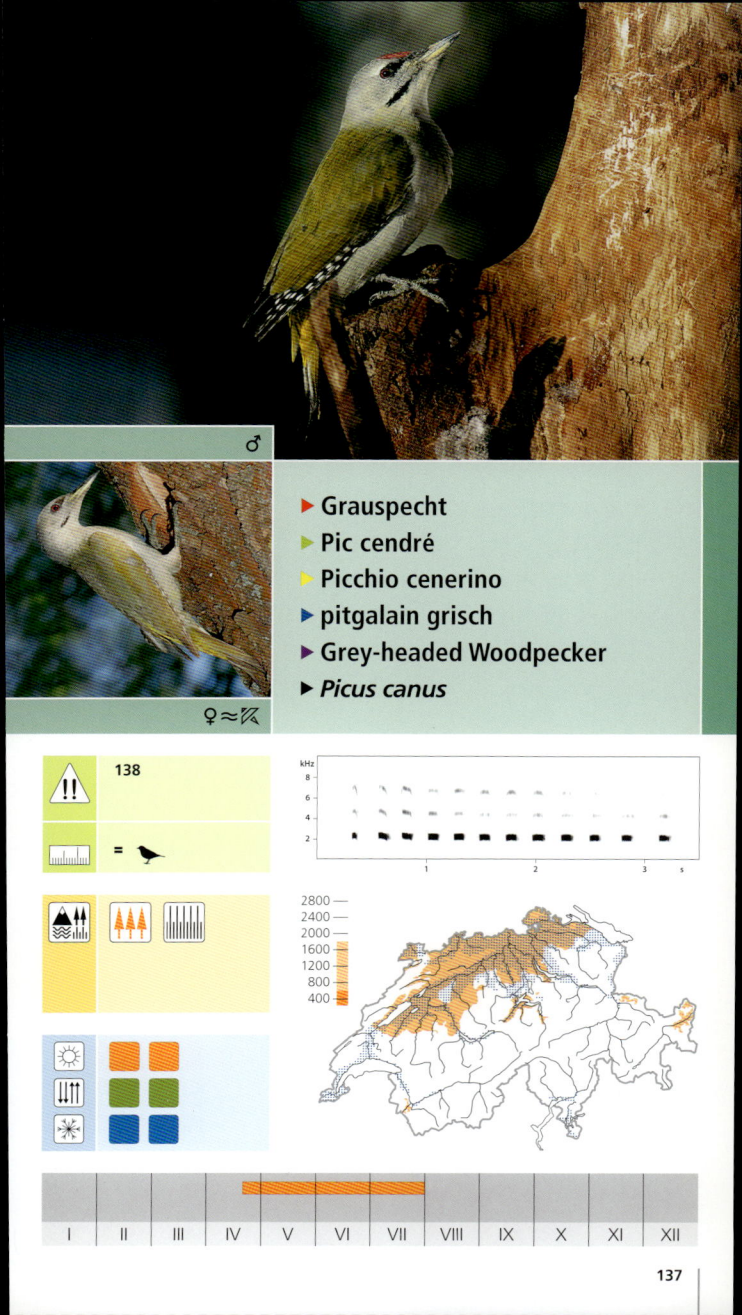

♂

♀ ≈ ✗

- ▶ **Grauspecht**
- ▶ **Pic cendré**
- ▶ **Picchio cenerino**
- ▶ **pitgalain grisch**
- ▶ **Grey-headed Woodpecker**
- ▶ *Picus canus*

138

I	II	III	IV	V	VI	VII	VIII	IX	X	XI	XII

137

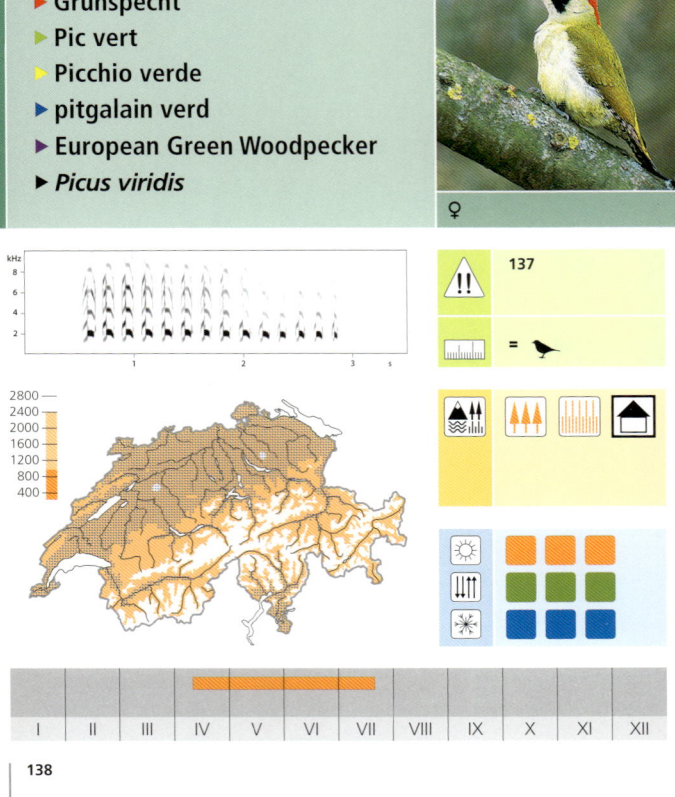

- ▶ Grünspecht
- ▶ Pic vert
- ▶ Picchio verde
- ▶ pitgalain verd
- ▶ European Green Woodpecker
- ▶ *Picus viridis*

137

- ▶ **Schwarzspecht**
- ▶ Pic noir
- ▶ Picchio nero
- ▶ pitgalain nair
- ▶ Black Woodpecker
- ▶ *Dryocopus martius*

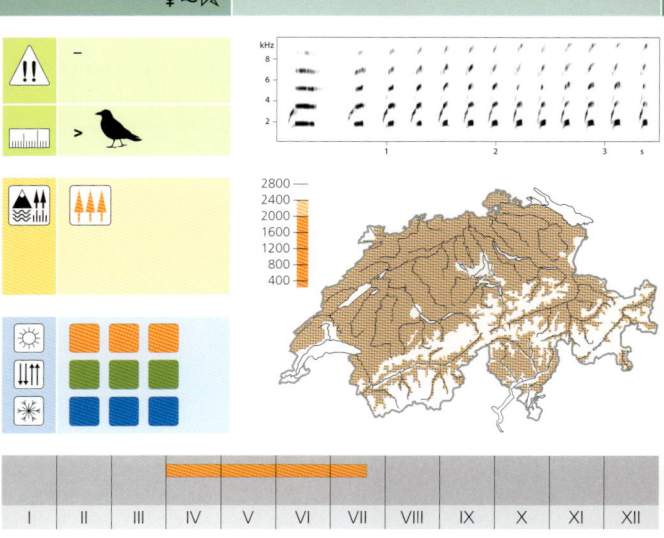

- ▶ Buntspecht
- ▶ Pic épeiche
- ▶ Picchio rosso maggiore
- ▶ pitgalain grond
- ▶ Great Spotted Woodpecker
- ▶ *Dendrocopos major*

141 / 143.1 / 143.2 / 143.3

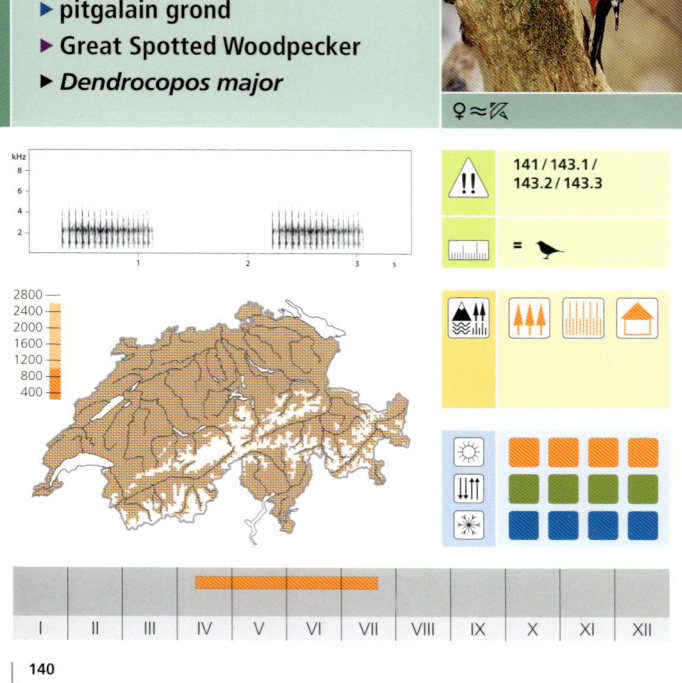

140

♂

- ▶ Kleinspecht
- ▶ Pic épeichette
- ▶ Picchio rosso minore
- ▶ pitgalain pitschen
- ▶ Lesser Spotted Woodpecker
- ▶ *Dendrocopos minor*

♀ ≈ ✎

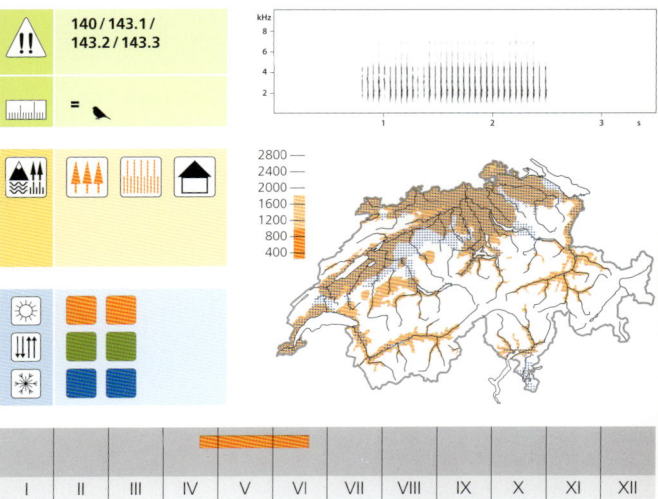

140 / 143.1 / 143.2 / 143.3

- Fahlsegler
- Martinet pâle
- Rondone pallido
- randurel fustg
- Pallid Swift
- *Apus pallidus*

⚠️ 132 / 133 / 146   📏 > 🐦   ♂=♀≈🦅

- Bienenfresser
- Guêpier d'Europe
- Gruccione
- maglia-avieuls
- European Bee-eater
- *Merops apiaster*

⚠️ –   📏 = 🐦   ♂=♀≈🦅

- Mittelspecht
- Pic mar
- Picchio rosso mezzano
- pitgalain mesaun
- Middle Spotted Woodpecker
- *Dendrocopos medius*

⚠️ 140 / 141 / 143.2 / 143.3   📏 < 🐦   ♂=♀≈🦅

- ▶ Weissrückenspecht
- ▶ Pic à dos blanc
- ▶ Picchio dorsobianco
- ▶ pitgalain strivlà
- ▶ White-backed Woodpecker
- ▶ *Dendrocopos leucotos*

♂ ≈ ♀ ≈ 🗡 ⚠ 140 / 141 / 143.1 / 143.3

- ▶ Dreizehenspecht
- ▶ Pic tridactyle
- ▶ Picchio tridattilo
- ▶ pitgalain traidet
- ▶ Eurasian Three-toed Woodpecker
- ▶ *Picoides tridactylus*

♂   ♀ ≈ 🗡 ⚠ 140 / 141 / 143.1 / 143.2

143

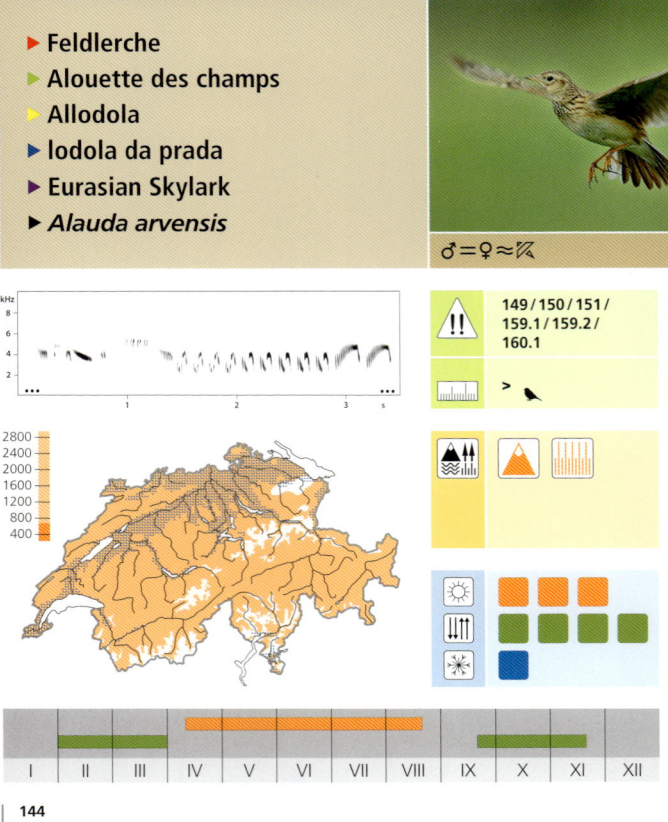

▶ **Feldlerche**
▶ **Alouette des champs**
▶ **Allodola**
▶ **Iodola da prada**
▶ **Eurasian Skylark**
▶ *Alauda arvensis*

♂ = ♀ ≈ 🎨

149 / 150 / 151 / 159.1 / 159.2 / 160.1

| I | II | III | IV | V | VI | VII | VIII | IX | X | XI | XII |

♂=♀≈🕊

- **Uferschwalbe**
- **Hirondelle de rivage**
- **Topino**
- **randulina da riva**
- **Sand Martin**
- ***Riparia riparia***

♂=♀≈🕊

⚠ 132 / 146 / 147 / 148

145

- Felsenschwalbe
- Hirondelle de rochers
- Rondine montana
- randulina da crap
- Eurasian Crag Martin
- *Ptyonoprogne rupestris*

♂ = ♀ ≈ 🎒

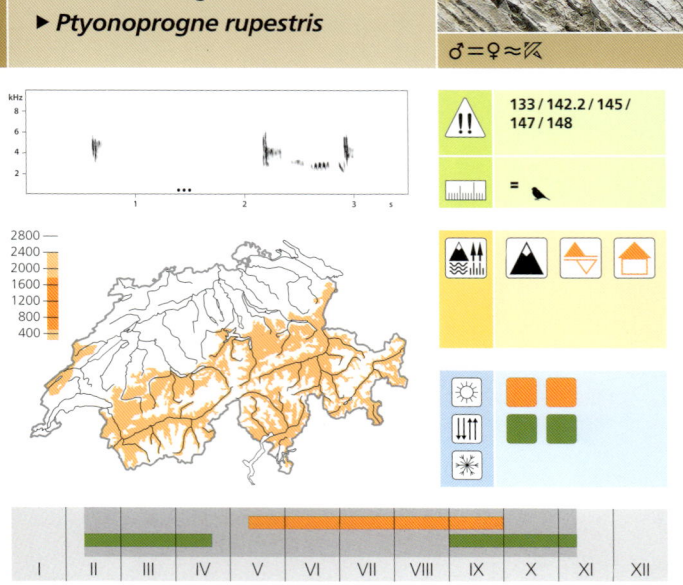

133 / 142.2 / 145 / 147 / 148

♂ ≈ ♀ ≈ 🐦

- ▶ **Rauchschwalbe**
- ▶ **Hirondelle rustique**
- ▶ **Rondine**
- ▶ **randulina stgira**
- ▶ **Barn Swallow**
- ▶ *Hirundo rustica*

♂ ≈ ♀ ≈ 🐦

⚠ 132 / 145 / 146 / 148

147

- ▶ Mehlschwalbe
- ▶ Hirondelle de fenêtre
- ▶ Balestruccio
- ▶ randulina clera
- ▶ Common House Martin
- ▶ *Delichon urbicum*

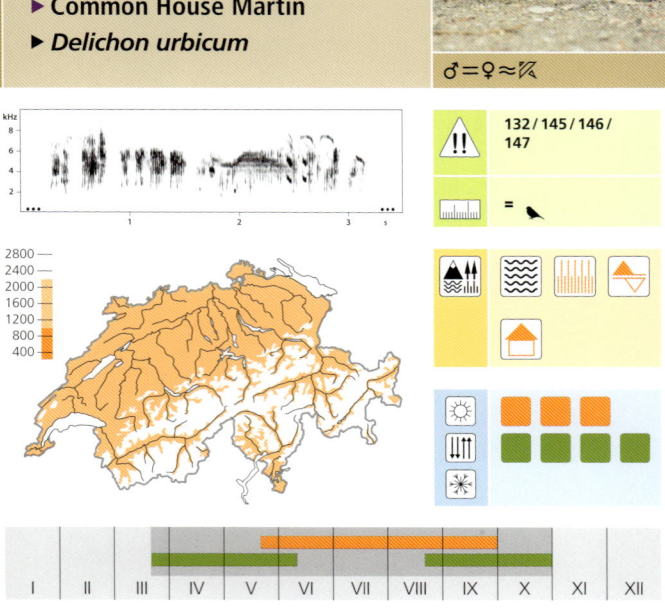

132 / 145 / 146 / 147

♂=♀≈⚥

- ▶ Baumpieper
- ▶ Pipit des arbres
- ▶ Prispolone
- ▶ pivet da plantas
- ▶ Tree Pipit
- ▶ *Anthus trivialis*

144 / 150 / 151 / 159.1 / 159.2 / 159.3 / 160.1

149

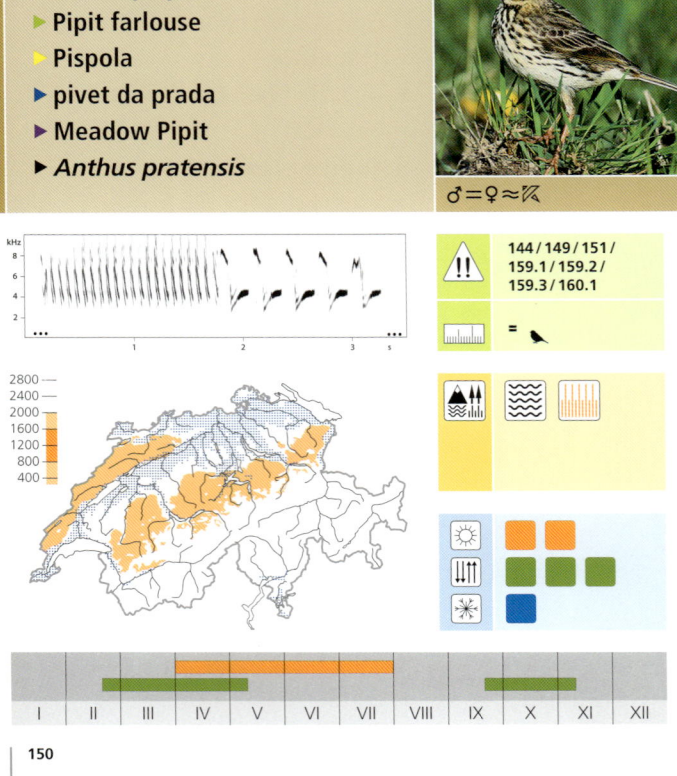

- ▶ **Wiesenpieper**
- ▶ Pipit farlouse
- ▶ Pispola
- ▶ pivet da prada
- ▶ Meadow Pipit
- ▶ *Anthus pratensis*

144 / 149 / 151 / 159.1 / 159.2 / 159.3 / 160.1

150

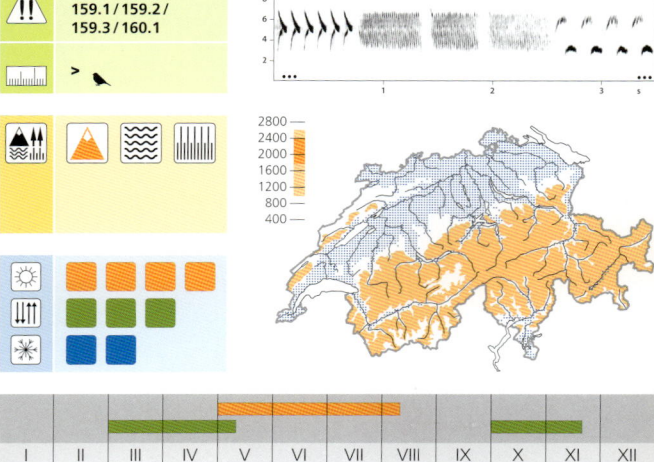

- ▶ Bergpieper
- ▶ Pipit spioncelle
- ▶ Spioncello
- ▶ pivet da muntogna
- ▶ Water Pipit
- ▶ *Anthus spinoletta*

144 / 149 / 150 / 159.1 / 159.2 / 159.3 / 160.1

151

- ▶ Schafstelze
- ▶ Bergeronnette printanière
- ▶ Cutrettola
- ▶ ballacua da pastgira
- ▶ Western Yellow Wagtail
- ▶ *Motacilla flava*

153 / 154 / 159.3

152

♂

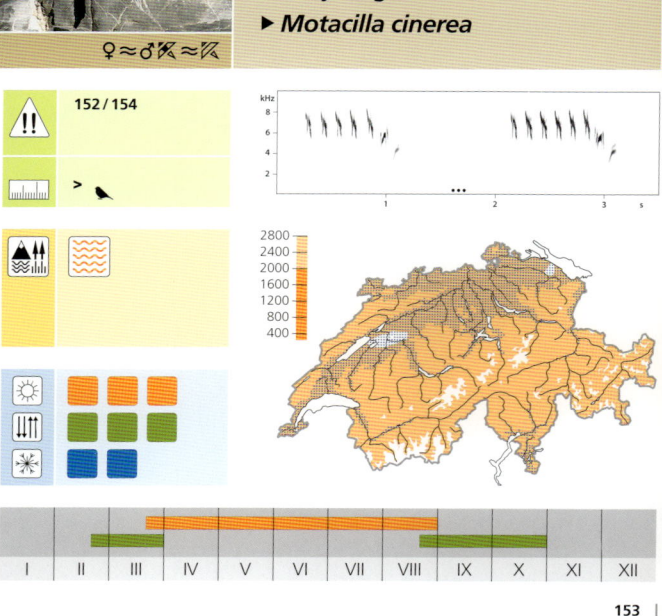

- ▶ Bergstelze
- ▶ Bergeronnette des ruisseaux
- ▶ Ballerina gialla
- ▶ ballacua da muntogna
- ▶ Grey Wagtail
- ▶ *Motacilla cinerea*

♀ ≈ ♂ ≈

152 / 154

- ▶ **Bachstelze**
- ▶ **Bergeronnette grise**
- ▶ **Ballerina bianca**
- ▶ **ballacua grischa**
- ▶ **White Wagtail**
- ▶ *Motacilla alba*

♀ ≈ ♂ ⚥ ≈ ⚥

152 / 153

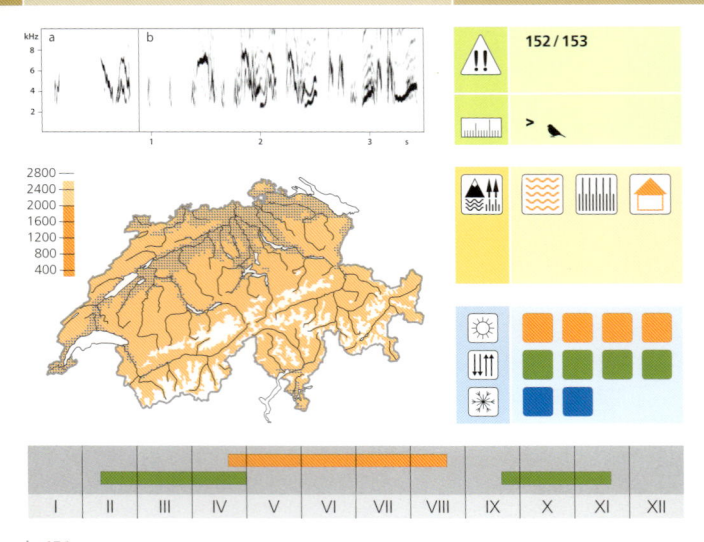

- ▶ Wasseramsel
- ▶ Cincle plongeur
- ▶ Merlo acquaiolo
- ▶ merl da l'aua
- ▶ White-throated Dipper
- ▶ *Cinclus cinclus*

155

- ▶ Zaunkönig
- ▶ Troglodyte mignon
- ▶ Scricciolo
- ▶ poleschet
- ▶ Winter Wren
- ▶ *Troglodytes troglodytes*

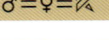

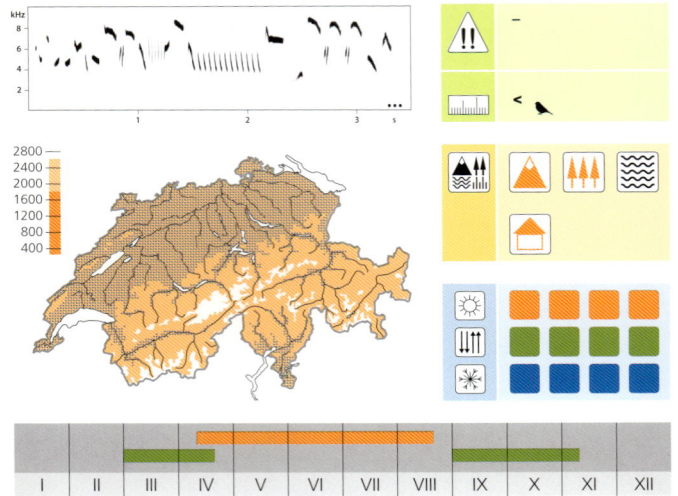

♂ = ♀ ≈ ✂

- Heckenbraunelle
- Accenteur mouchet
- Passera scopaiola
- brunella da chaglia
- Dunnock
- *Prunella modularis*

158 / 189.2 / 219 / 220

157

- ▶ **Alpenbraunelle**
- ▶ **Accenteur alpin**
- ▶ **Sordone**
- ▶ **brunella da muntogna**
- ▶ **Alpine Accentor**
- ▶ *Prunella collaris*

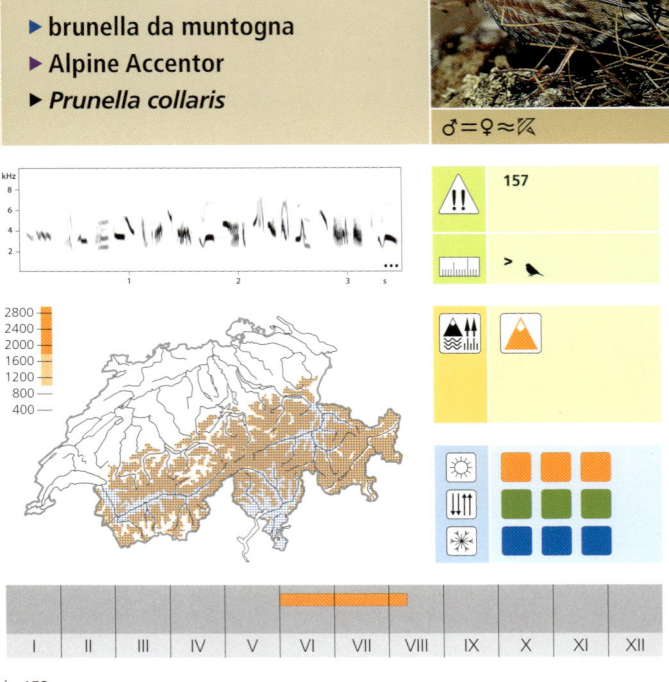

157

- Kurzzehenlerche
- Alouette calandrelle
- Calandrella
- lodola da la detta curta
- Greater Short-toed Lark
- *Calandrella brachydactyla*

♂=♀≈🍂 ⚠ 144/149/150/ 151/159.2/ 159.3/160.1 = 🐦

- Heidelerche
- Alouette lulu
- Tottavilla
- lodola da pastgira
- Woodlark
- *Lullula arborea*

♂=♀≈🍂 ⚠ 144/149/150/ 151/159.1/ 159.3/160.1 = 🐦

- Brachpieper
- Pipit rousseline
- Calandro
- pivet cotschnì
- Tawny Pipit
- *Anthus campestris*

♂=♀≈🍂 ⚠ 149/150/151/ 152/159.1/ 159.2/160.1 > 🐦

- ▶ Rotkehlpieper
- ▶ Pipit à gorge rousse
- ▶ Pispola golarossa
- ▶ pivet gulacotschna
- ▶ Red-throated Pipit
- ▶ *Anthus cervinus*

⚠ 144 / 149 / 150 / 151 / 159.1 / 159.2 / 159.3

♂ = ♀ ≈ 🐦

- ▶ Seidenschwanz
- ▶ Jaseur boréal
- ▶ Beccofrusone
- ▶ frisun
- ▶ Bohemian Waxwing
- ▶ *Bombycilla garrulus*

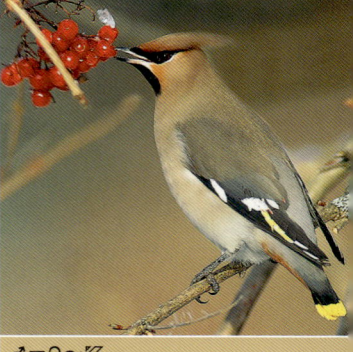

⚠ –

♂ = ♀ ≈ 🐦

- Rotkehlchen
- Rougegorge familier
- Pettirosso
- puppencotschen
- European Robin
- *Erithacus rubecula*

161

- ▶ Nachtigall
- ▶ Rossignol philomèle
- ▶ Usignolo
- ▶ luschaina
- ▶ Common Nightingale
- ▶ *Luscinia megarhynchos*

♂ = ♀

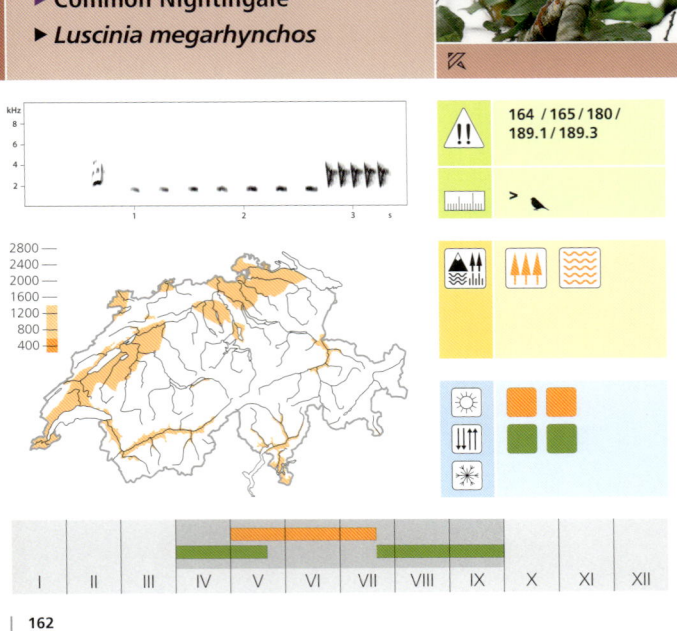

164 / 165 / 180 / 189.1 / 189.3

- ▶ **Blaukehlchen**
- ▶ Gorgebleue à miroir
- ▶ Pettazzurro
- ▶ puppenblau
- ▶ Bluethroat
- ▶ *Luscinia svecica*

♂ ⚥

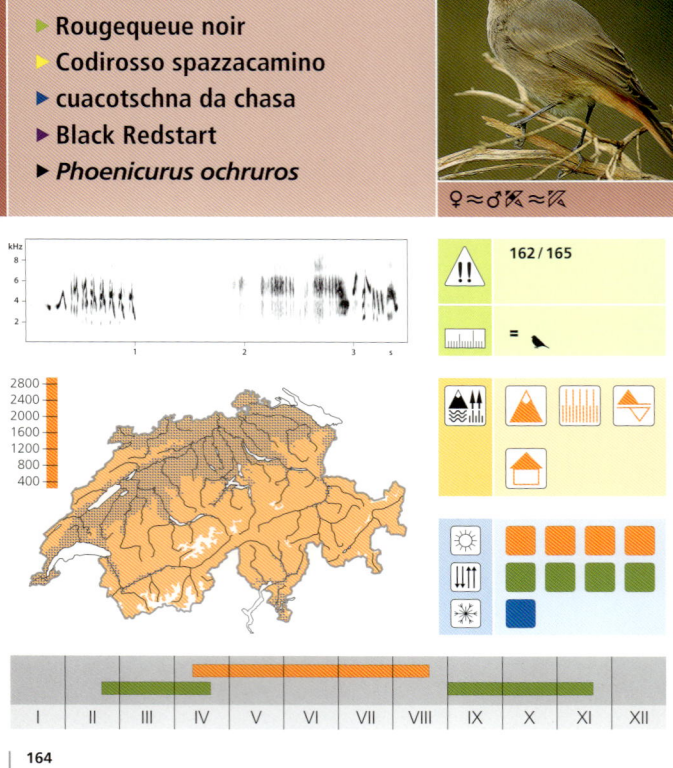

- ▶ **Hausrotschwanz**
- ▶ **Rougequeue noir**
- ▶ **Codirosso spazzacamino**
- ▶ **cuacotschna da chasa**
- ▶ **Black Redstart**
- ▶ *Phoenicurus ochruros*

♀ ≈ ♂ ⚥ ≈ ⚥

162 / 165

- ▶ Gartenrotschwanz
- ▶ Rougequeue à front blanc
- ▶ Codirosso comune
- ▶ cuacotschna d'iert
- ▶ Common Redstart
- ▶ *Phoenicurus phoenicurus*

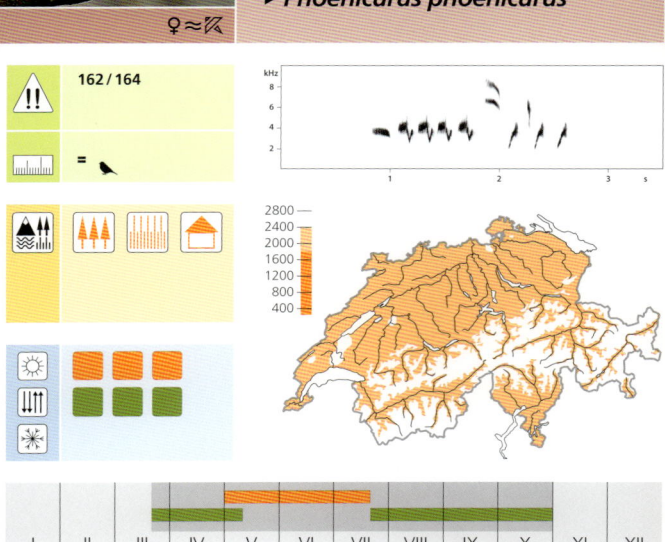

162 / 164

- ▶ Braunkehlchen
- ▶ Tarier des prés
- ▶ Stiaccino
- ▶ puppenbrin
- ▶ Whinchat
- ▶ *Saxicola rubetra*

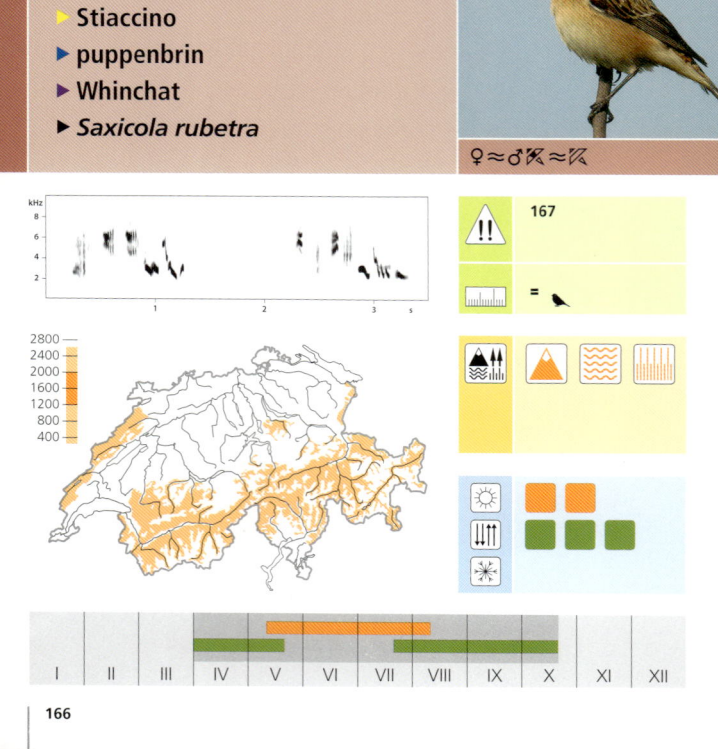

♂

♀ ≈ ♂ ≈

- ▶ Schwarzkehlchen
- ▶ Tarier pâtre
- ▶ Saltimpalo
- ▶ puppennair
- ▶ Eurasian Stonechat
- ▶ *Saxicola torquatus*

⚠ 166

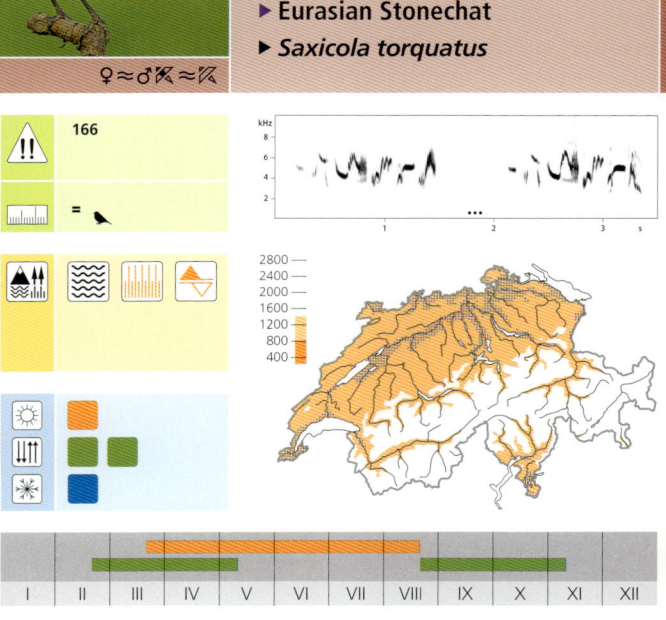

167

- ▶ Steinschmätzer
- ▶ Traquet motteux
- ▶ Culbianco
- ▶ pitgacrap grisch
- ▶ Northern Wheatear
- ▶ *Oenanthe oenanthe*

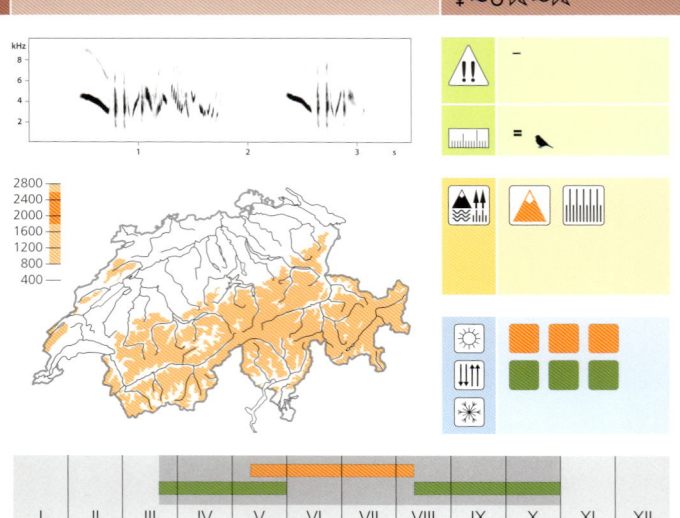

168

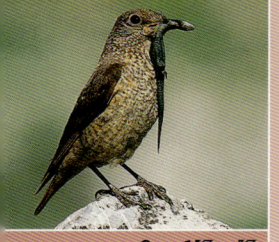

- ▶ Steinrötel
- ▶ Monticole de roche
- ▶ Codirossone
- ▶ merl da gonda
- ▶ Rufous-tailed Rock Thrush
- ▶ *Monticola saxatilis*

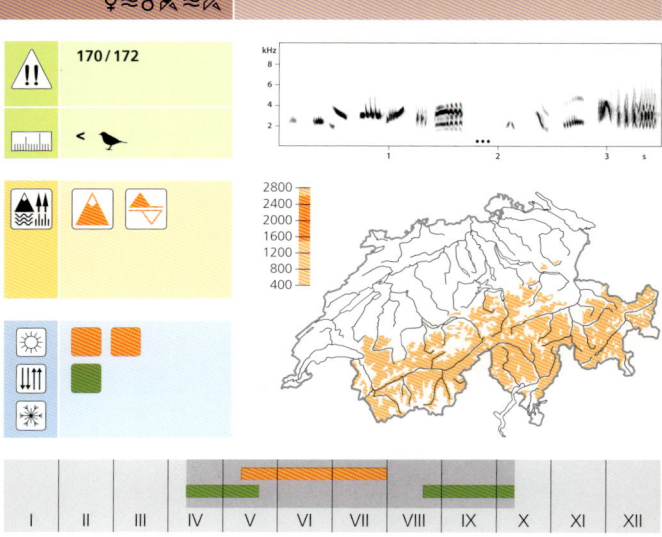

170 / 172

- ▶ Blaumerle
- ▶ Monticole bleu
- ▶ Passero solitario
- ▶ merl blau
- ▶ Blue Rock Thrush
- ▶ *Monticola solitarius*

169 / 172

♂

♀ ≈ ☿

- ▶ Ringdrossel
- ▶ Merle à plastron
- ▶ Merlo dal collare
- ▶ tursch dal cularin
- ▶ Ring Ouzel
- ▶ *Turdus torquatus*

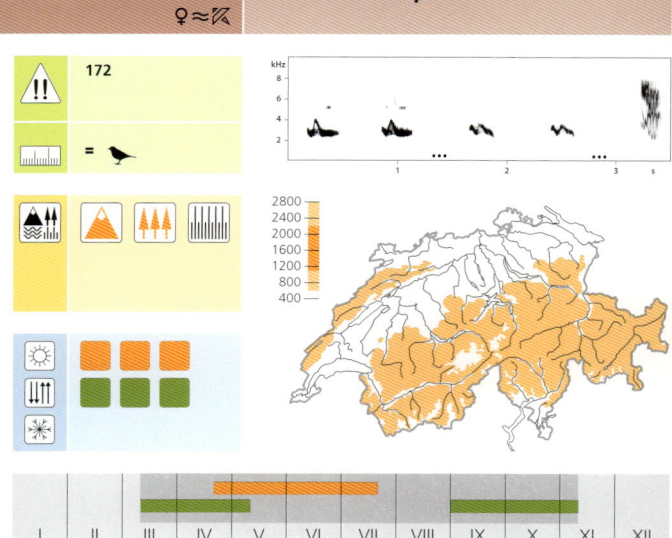

172

171

- ▶ **Amsel**
- ▶ Merle noir
- ▶ Merlo
- ▶ merlotscha
- ▶ **Common Blackbird**
- ▶ *Turdus merula*

♂

♀ ≈ ⌇

169 / 170 / 171 / 218

♂=♀≈⚲

- ▶ **Wacholderdrossel**
- ▶ **Grive litorne**
- ▶ **Cesena**
- ▶ **tursch giagl**
- ▶ **Fieldfare**
- ▶ ***Turdus pilaris***

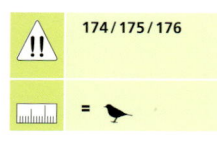

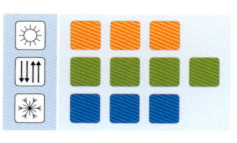

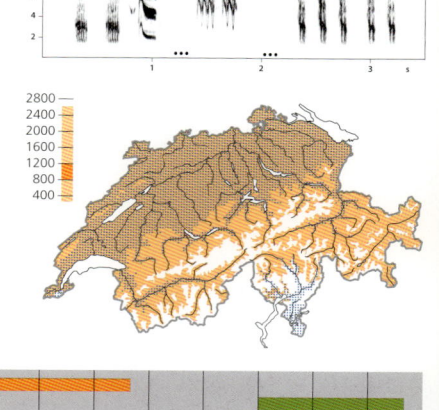

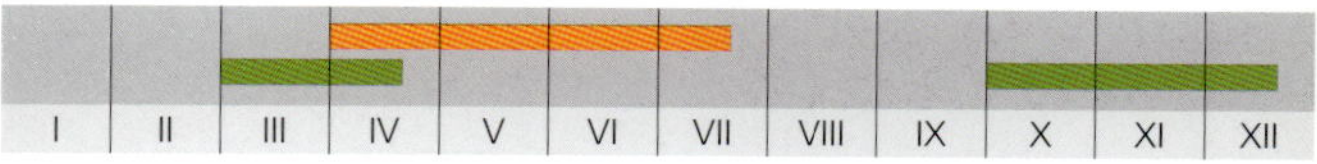

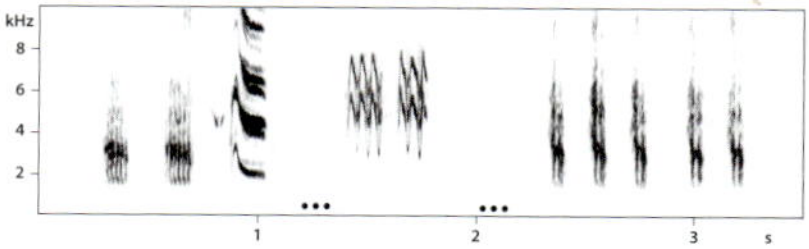

♂=♀≈⚲

174 / 175 / 176

- ▶ **Singdrossel**
- ▶ Grive musicienne
- ▶ Tordo bottaccio
- ▶ filomela
- ▶ Song Thrush
- ▶ *Turdus philomelos*

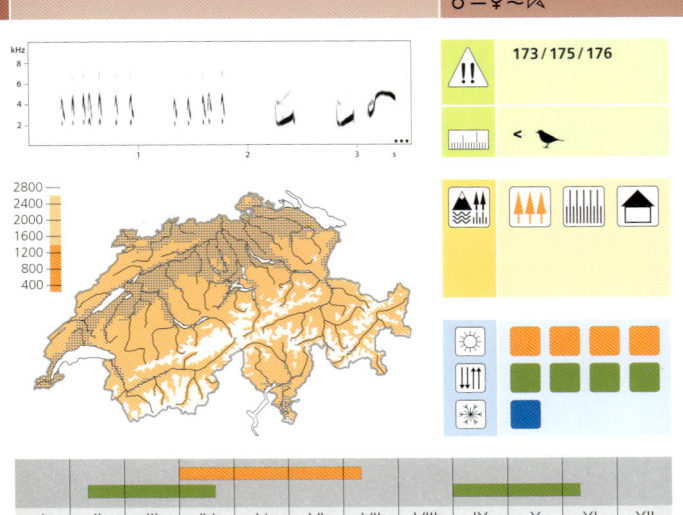

♂ = ♀ ≈ 🦅

173 / 175 / 176

♂=♀≈✄

- ▶ **Rotdrossel**
- ▶ **Grive mauvis**
- ▶ **Tordo sassello**
- ▶ **tursch cotschen**
- ▶ **Redwing**
- ▶ ***Turdus iliacus***

♂=♀≈✄

173 / 174 / 176

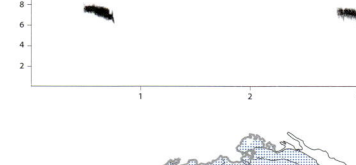

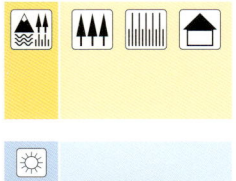

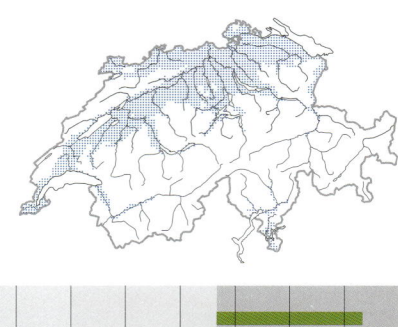

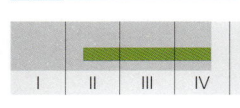

| I | II | III | IV | V | VI | VII | VIII | IX | X | XI | XII |

175

- ▶ **Misteldrossel**
- ▶ **Grive draine**
- ▶ **Tordela**
- ▶ **tursch perniclà**
- ▶ **Mistle Thrush**
- ▶ *Turdus viscivorus*

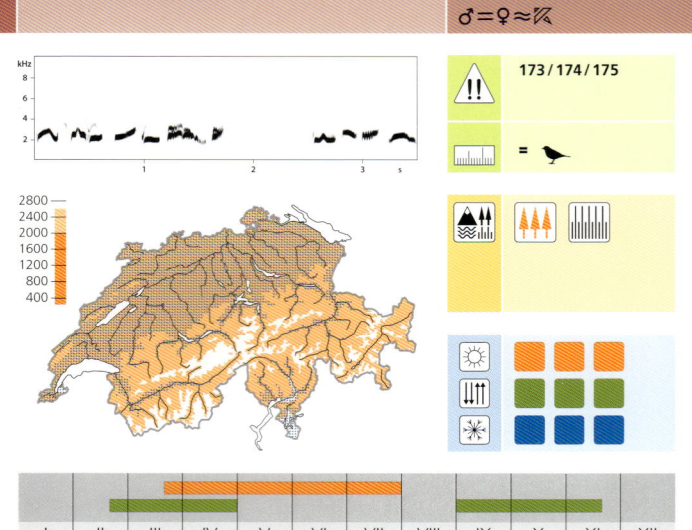

♂ = ♀ ≈ 🗓

173 / 174 / 175

176

♂=♀

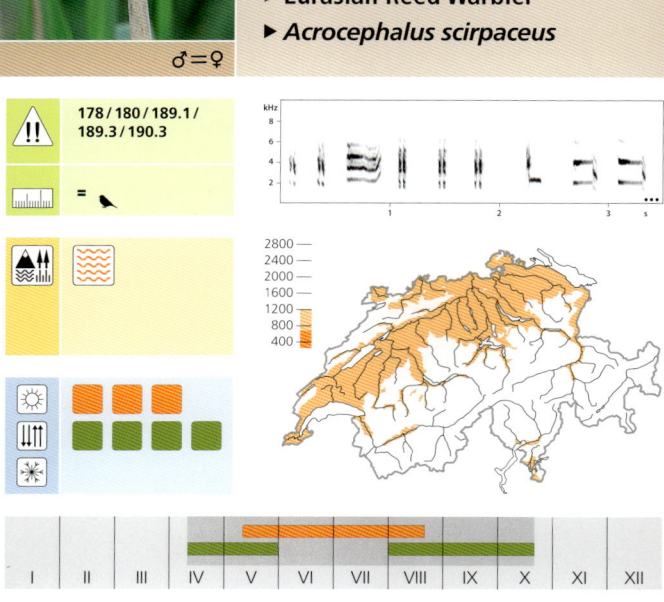

- ▶ Teichrohrsänger
- ▶ Rousserolle effarvatte
- ▶ Cannaiola comune
- ▶ channarel da puz
- ▶ Eurasian Reed Warbler
- ▶ *Acrocephalus scirpaceus*

♂=♀

178 / 180 / 189.1 / 189.3 / 190.3

177

- ▶ **Sumpfrohrsänger**
- ▶ Rousserolle verderolle
- ▶ Cannaiola verdognola
- ▶ channarel da palì
- ▶ Marsh Warbler
- ▶ *Acrocephalus palustris*

♂ = ♀

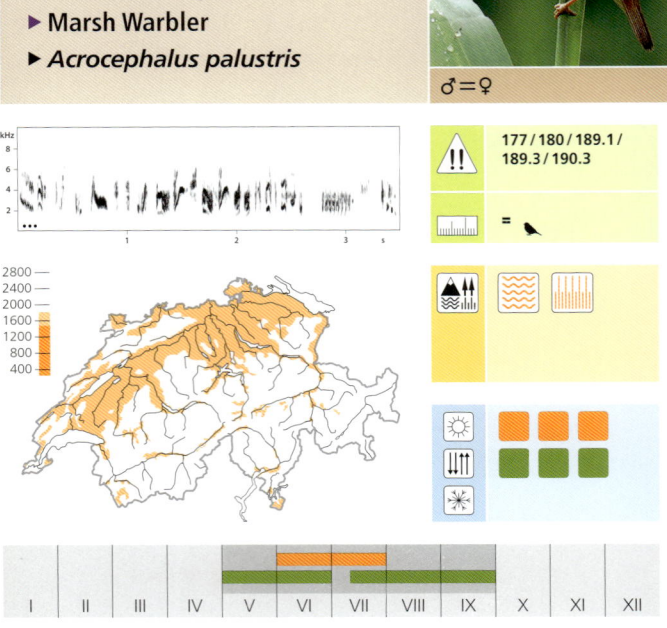

177 / 180 / 189.1 / 189.3 / 190.3

♂

- ▶ Mönchsgrasmücke
- ▶ Fauvette à tête noire
- ▶ Capinera
- ▶ fustgetta dal chapitsch
- ▶ Eurasian Blackcap
- ▶ *Sylvia atricapilla*

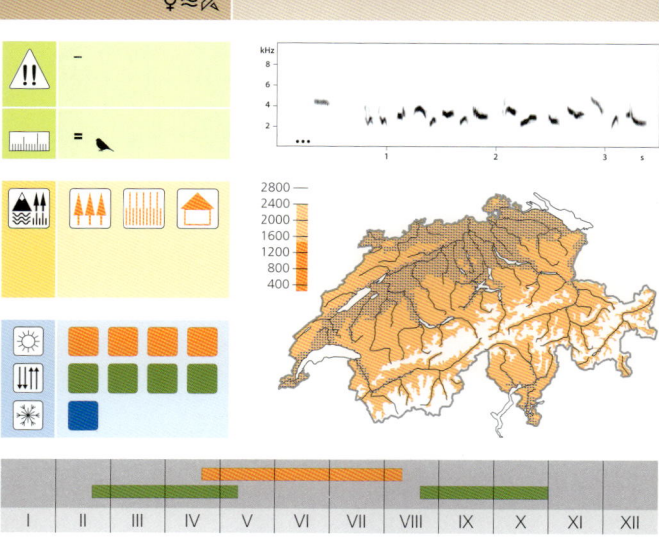

♀ ≈ ⚥

179

♂ = ♀

- ▶ **Gartengrasmücke**
- ▶ **Fauvette des jardins**
- ▶ **Beccafico**
- ▶ **fustgetta da feglia**
- ▶ **Garden Warbler**
- ▶ *Sylvia borin*

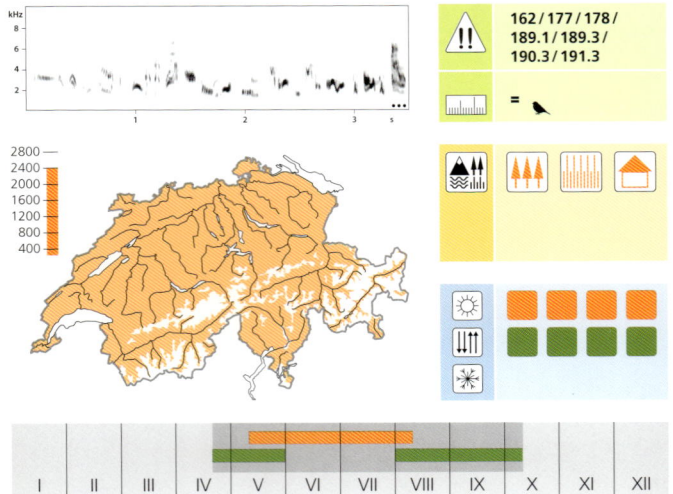

♂ = ♀

⚠ 162 / 177 / 178 / 189.1 / 189.3 / 190.3 / 191.3

📏 = 🐦

180

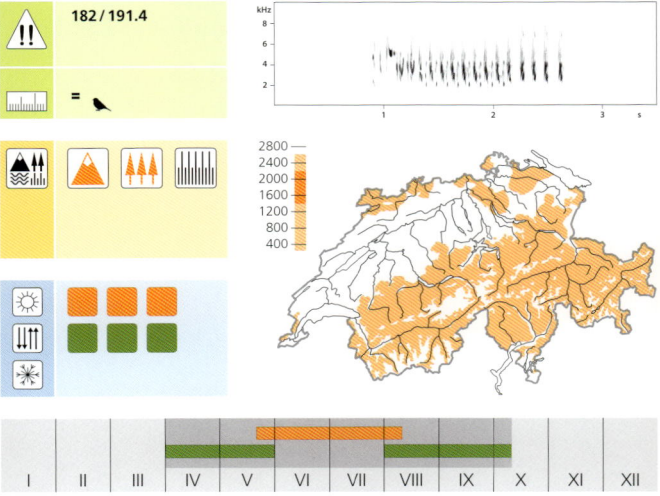

♂=♀

- ▶ **Klappergrasmücke**
- ▶ **Fauvette babillarde**
- ▶ **Bigiarella**
- ▶ **fustgetta baterlunza**
- ▶ **Lesser Whitethroat**
- ▶ *Sylvia curruca*

♂=♀

182 / 191.4

181

- ▶ **Dorngrasmücke**
- ▶ **Fauvette grisette**
- ▶ **Sterpazzola**
- ▶ **fustgetta da spinatsch**
- ▶ **Common Whitethroat**
- ▶ *Sylvia communis*

181 / 191.4

182

♂ = ♀

- ▶ Berglaubsänger
- ▶ Pouillot de Bonelli
- ▶ Luì bianco
- ▶ fegliarel da muntogna
- ▶ Western Bonelli's Warbler
- ▶ *Phylloscopus bonelli*

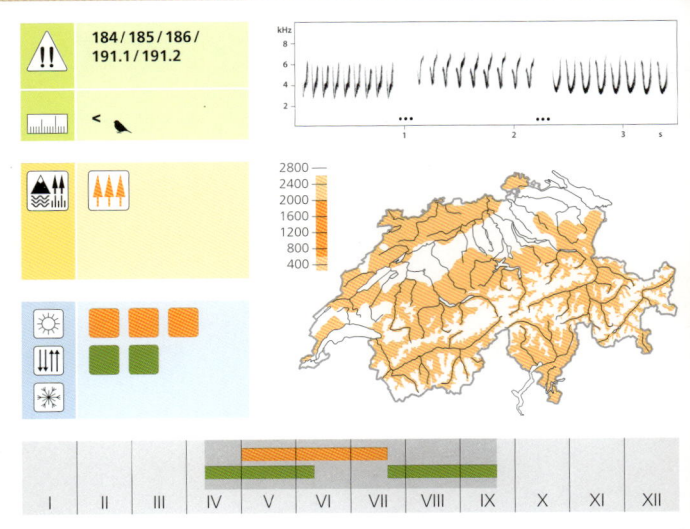

♂ = ♀

⚠ 184 / 185 / 186 / 191.1 / 191.2

183

♂ = ♀

- ▶ Waldlaubsänger
- ▶ Pouillot siffleur
- ▶ Luì verde
- ▶ fegliarel da guaud
- ▶ Wood Warbler
- ▶ *Phylloscopus sibilatrix*

♂ = ♀

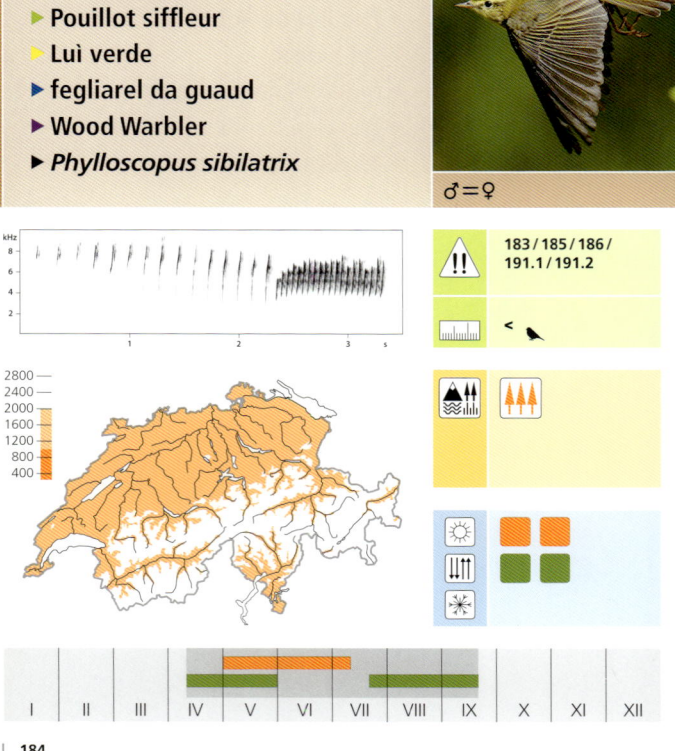

183 / 185 / 186 / 191.1 / 191.2

♂ = ♀

- ▶ Zilpzalp
- ▶ Pouillot véloce
- ▶ Lui piccolo
- ▶ fegliarel da salesch
- ▶ Common Chiffchaff
- ▶ *Phylloscopus collybita*

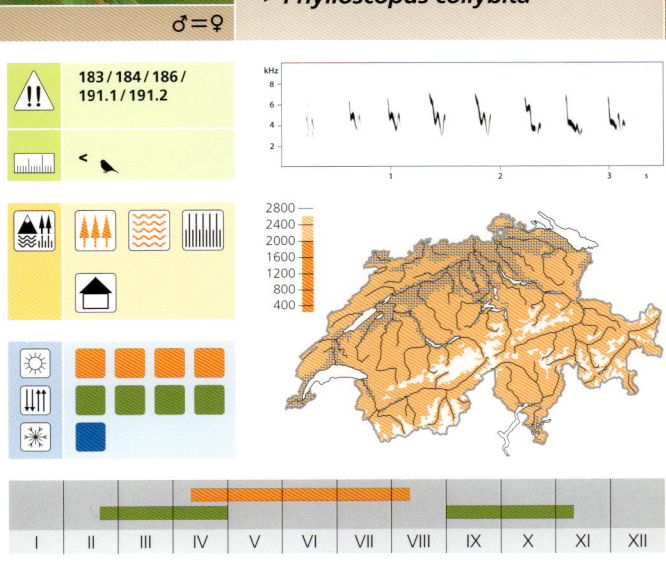

♂ = ♀

183 / 184 / 186 / 191.1 / 191.2

185

♂=♀

- ▶ Fitis
- ▶ Pouillot fitis
- ▶ Luì grosso
- ▶ fegliarel musicant
- ▶ Willow Warbler
- ▶ *Phylloscopus trochilus*

♂=♀

183 / 184 / 185 / 191.1 / 191.2

♂ ≈ ♀

- Wintergoldhähnchen
- Roitelet huppé
- Regolo
- retgottel d'enviern
- Goldcrest
- *Regulus regulus*

188

♂ ≈ ♀

- ▶ **Sommergoldhähnchen**
- ▶ Roitelet à triple bandeau
- ▶ Fiorrancino
- ▶ retgottel da stad
- ▶ Firecrest
- ▶ *Regulus ignicapilla*

187

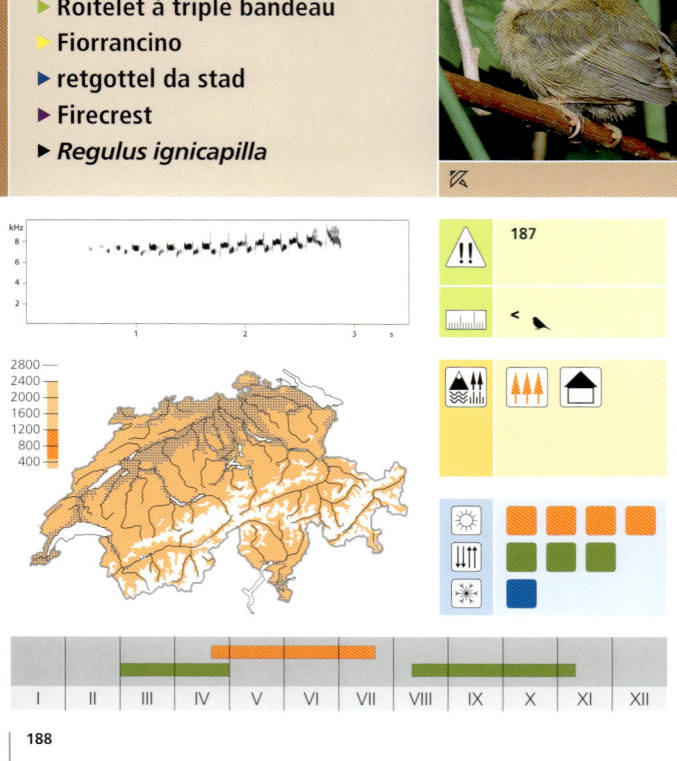

| I | II | III | IV | V | VI | VII | VIII | IX | X | XI | XII |

- ▶ Seidensänger
- ▶ Bouscarle de Cetti
- ▶ Usignolo di fiume
- ▶ channarel da flum
- ▶ Cetti's Warbler
- ▶ *Cettia cetti*

♂=♀ /!\ 162/177/178/ 180/189.3/190.3   📏 = 🐦

- ▶ Feldschwirl
- ▶ Locustelle tachetée
- ▶ Forapaglie macchiettato
- ▶ scroller da chaglia
- ▶ Common Grasshopper Warbler
- ▶ *Locustella naevia*

♂=♀ /!\ 157/190.1/ 190.2   📏 = 🐦

- ▶ Rohrschwirl
- ▶ Locustelle luscinioïde
- ▶ Salciaiola
- ▶ scroller da palì
- ▶ Savi's Warbler
- ▶ *Locustella luscinioides*

♂=♀ /!\ 162/177/178/ 180/189.1/190.3   📏 = 🐦

189

- Seggenrohrsänger
- Phragmite aquatique
- Pagliarolo
- channarel da charetsch
- Aquatic Warbler
- *Acrocephalus paludicola*

⚠️ 189.2 / 190.2   < 🐦   ♂=♀

- Schilfrohrsänger
- Phragmite des joncs
- Forapaglie comune
- channarel da channa
- Sedge Warbler
- *Acrocephalus schoenobaenus*

⚠️ 189.2 / 190.1   < 🐦   ♂=♀

- Drosselrohrsänger
- Rousserolle turdoïde
- Cannareccione
- channarel grond
- Great Reed Warbler
- *Acrocephalus arundinaceus*

⚠️ 177 / 178 / 180 / 189.1 / 189.3   > 🐦   ♂=♀

♂ = ♀	▶ Gelbspötter ▶ Hypolaïs ictérine ▶ Canapino maggiore ▶ beffarel da curtin ▶ Icterine Warbler ▶ *Hippolais icterina* ⚠ 183 / 184 / 185 / 186 / 191.2 = 🐦
♂ = ♀	▶ Orpheusspötter ▶ Hypolaïs polyglotte ▶ Canapino comune ▶ beffarel poliglot ▶ Melodious Warbler ▶ *Hippolais polyglotta* ⚠ 183 / 184 / 185 / 186 / 191.1 = 🐦
♂ ≈ ♀	▶ Sperbergrasmücke ▶ Fauvette épervière ▶ Bigia padovana ▶ fustgetta sdrimada ▶ Barred Warbler ▶ *Sylvia nisoria* ⚠ 180 / 208 > 🐦
♂ ≈ ♀	▶ Weissbartgrasmücke ▶ Fauvette passerinette ▶ Sterpazzolina ▶ fustgetta barbet ▶ Subalpine Warbler ▶ *Sylvia cantillans* ⚠ 181 / 182 = 🐦

191

- ▶ Grauschnäpper
- ▶ Gobemouche gris
- ▶ Pigliamosche
- ▶ sgnappamustgas grisch
- ▶ Spotted Flycatcher
- ▶ *Muscicapa striata*

♂ = ♀

193 / 207.1

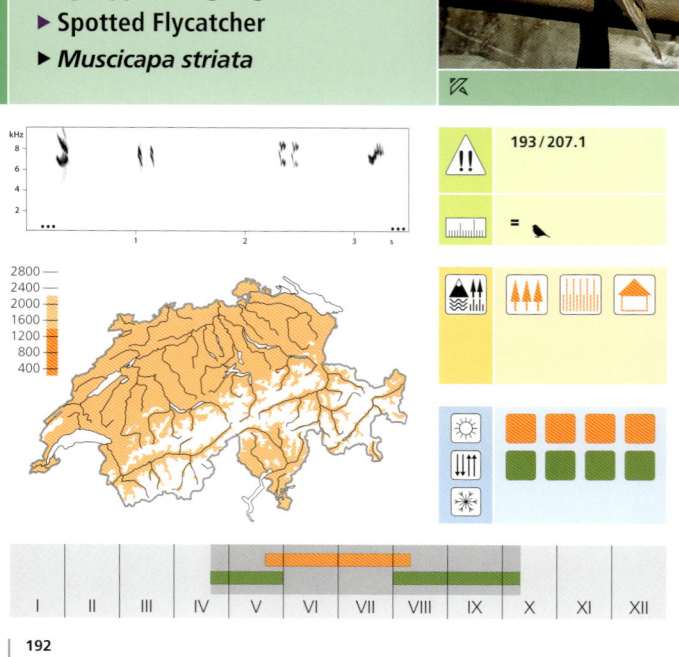

192

- ▶ **Trauerschnäpper**
- ▶ **Gobemouche noir**
- ▶ **Balia nera**
- ▶ **sgnappamustgas nair**
- ▶ **European Pied Flycatcher**
- ▶ *Ficedula hypoleuca*

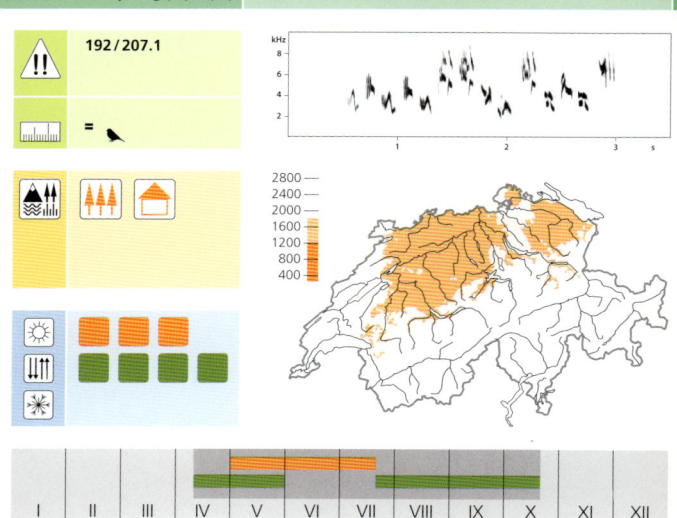

192 / 207.1

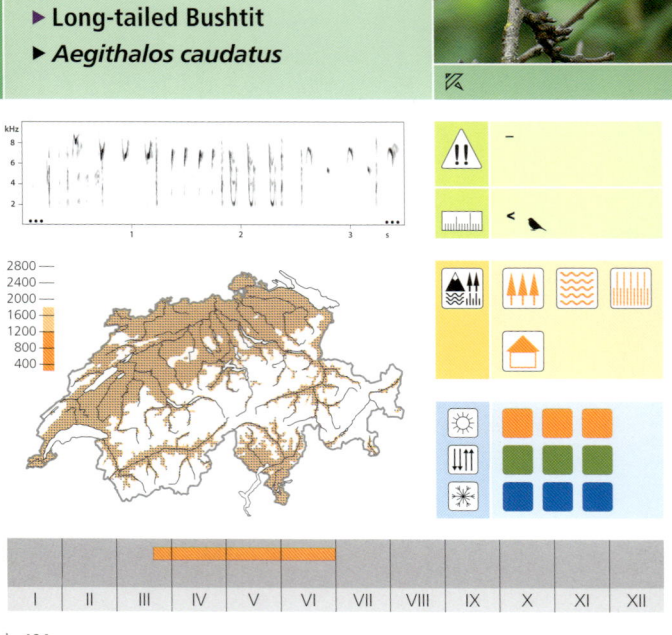

- ▶ Schwanzmeise
- ▶ Mésange à longue queue
- ▶ Codibugnolo
- ▶ sbrinzlina
- ▶ Long-tailed Bushtit
- ▶ *Aegithalos caudatus*

♂ = ♀

| I | II | III | IV | V | VI | VII | VIII | IX | X | XI | XII |

194

♂=♀

- ▶ **Sumpfmeise**
- ▶ Mésange nonnette
- ▶ Cincia bigia
- ▶ maset da palì
- ▶ Marsh Tit
- ▶ *Parus palustris*

♂=♀

196

♂=♀

- ▶ Mönchsmeise
- ▶ Mésange boréale
- ▶ Cincia alpestre
- ▶ maset da muntogna
- ▶ Willow Tit
- ▶ *Parus montanus*

♂=♀

195

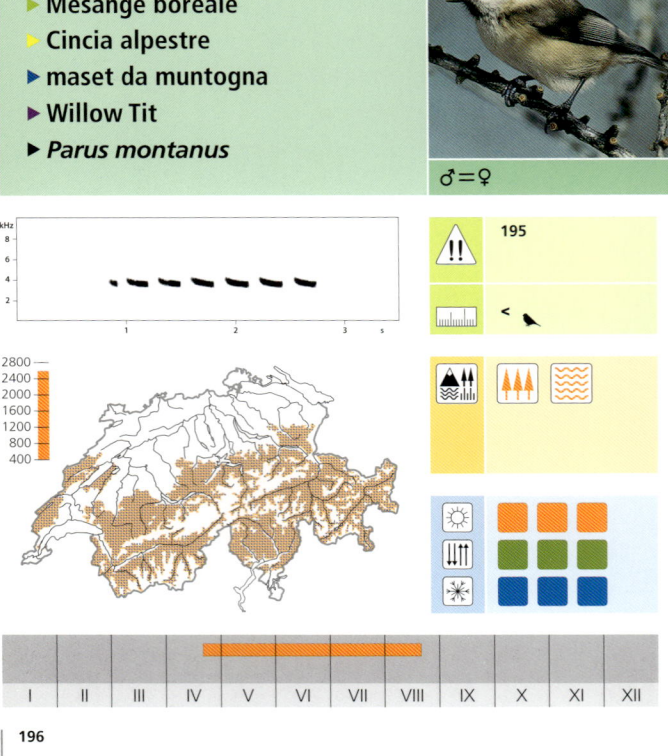

196

♂=♀

- Haubenmeise
- Mésange huppée
- Cincia dal ciuffo
- maset da la cresta
- European Crested Tit
- *Parus cristatus*

♂=♀

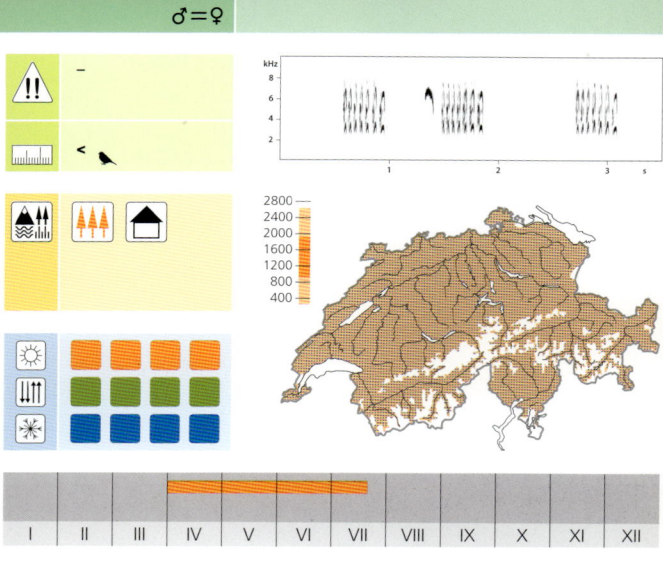

♂=♀

- ▶ Tannenmeise
- ▶ Mésange noire
- ▶ Cincia mora
- ▶ maset da guaud
- ▶ Coal Tit
- ▶ *Parus ater*

♂=♀

200

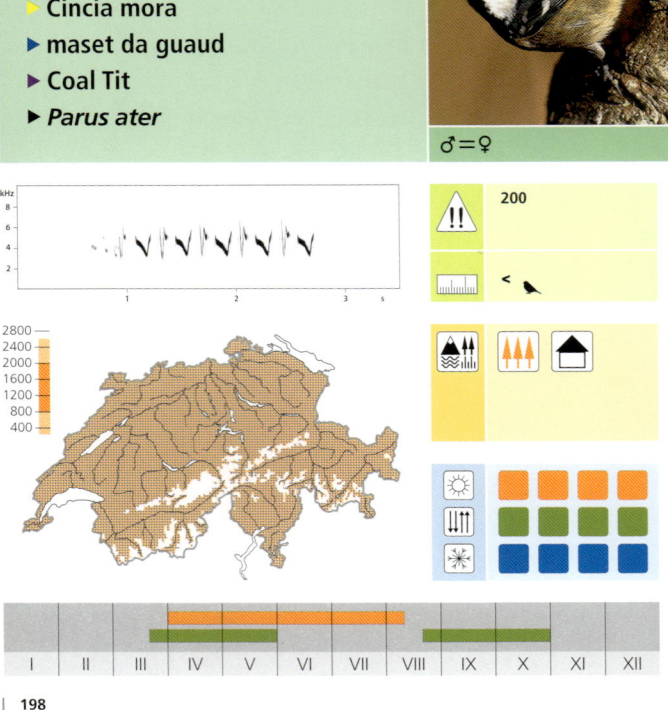

198

♂ ≈ ♀

- **Blaumeise**
- **Mésange bleue**
- **Cinciarella**
- **maset blau**
- **Blue Tit**
- ***Parus caeruleus***

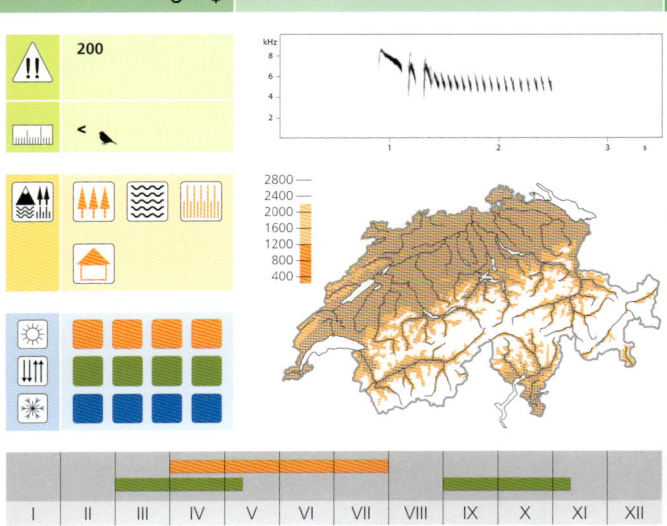

♂ ≈ ♀

200

< 🐦

| I | II | III | IV | V | VI | VII | VIII | IX | X | XI | XII |

199

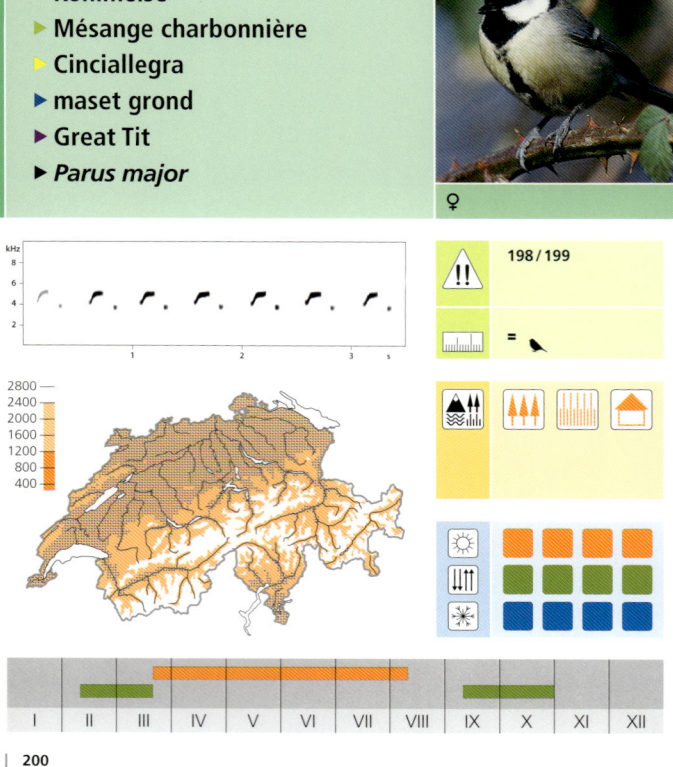

- ▶ **Kohlmeise**
- ▶ **Mésange charbonnière**
- ▶ **Cinciallegra**
- ▶ **maset grond**
- ▶ **Great Tit**
- ▶ *Parus major*

198 / 199

- Kleiber
- Sittelle torchepot
- Picchio muratore
- pitgarel
- Eurasian Nuthatch
- *Sitta europaea*

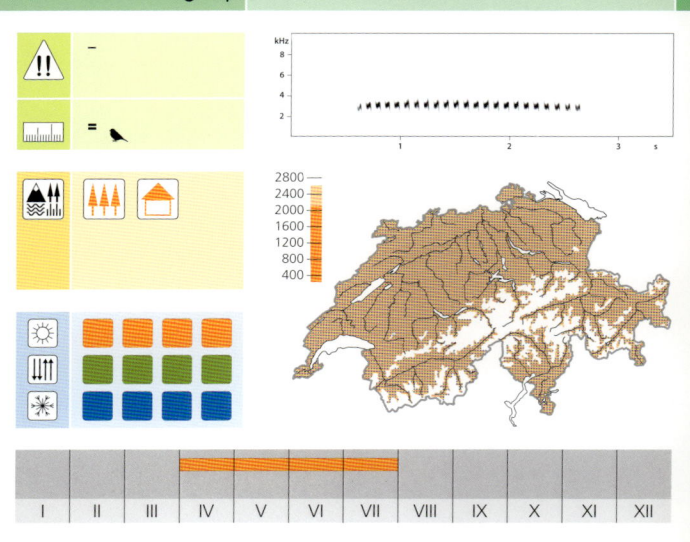

- Mauerläufer
- Tichodrome échelette
- Picchio muraiolo
- sgraflin
- Wallcreeper
- *Tichodroma muraria*

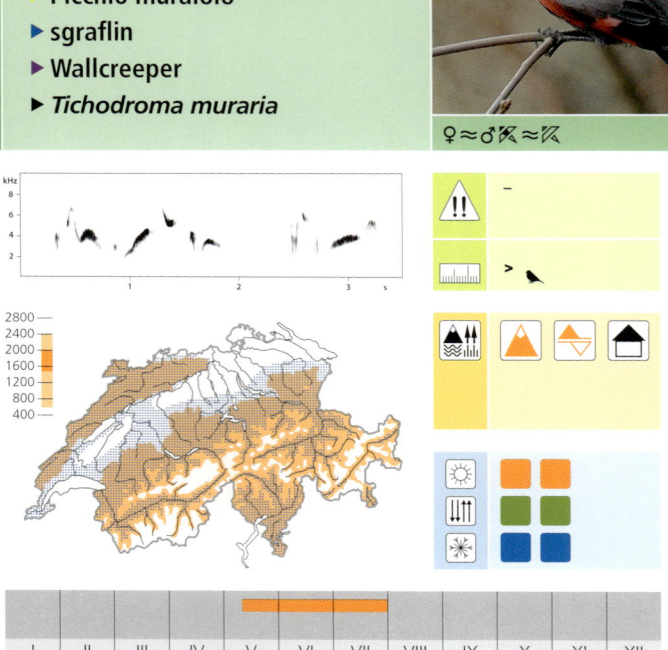

202

♂=♀

- ▶ Waldbaumläufer
- ▶ Grimpereau des bois
- ▶ Rampichino alpestre
- ▶ pitgascorsa da guaud
- ▶ Eurasian Treecreeper
- ▶ *Certhia familiaris*

♂=♀

204

203

♂ = ♀

- ▶ Gartenbaumläufer
- ▶ Grimpereau des jardins
- ▶ Rampichino comune
- ▶ pitgascorsa d'iert
- ▶ Short-toed Treecreeper
- ▶ *Certhia brachydactyla*

♂ = ♀

203

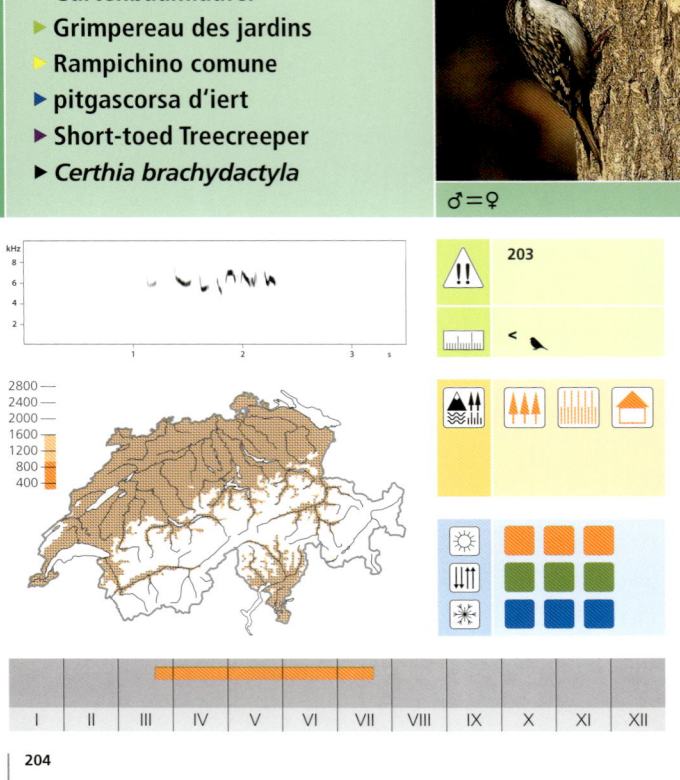

| I | II | III | IV | V | VI | VII | VIII | IX | X | XI | XII |

♂

♀ ≈ 🪺

- ▶ Beutelmeise
- ▶ Rémiz penduline
- ▶ Pendolino
- ▶ pendulina
- ▶ Eurasian Penduline Tit
- ▶ *Remiz pendulinus*

205 / 208 / 231

< 🐦

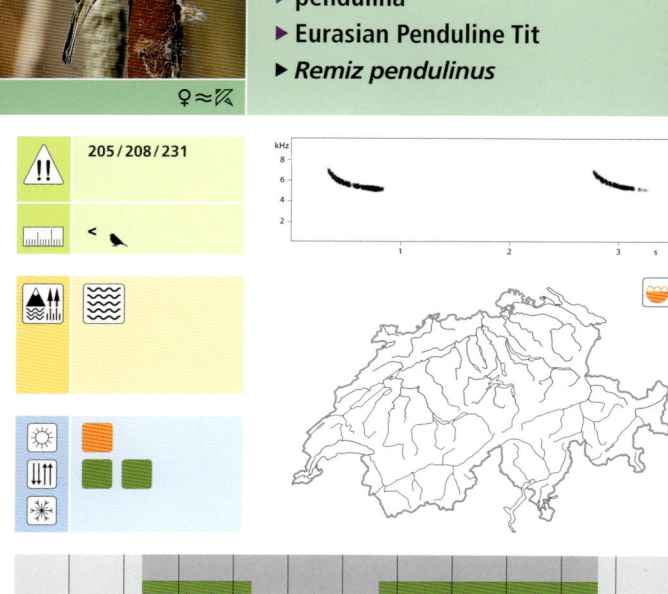

| I | II | III | IV | V | VI | VII | VIII | IX | X | XI | XII |

205

- Pirol
- Loriot d'Europe
- Rigogolo
- pirol
- Eurasian Golden Oriole
- *Oriolus oriolus*

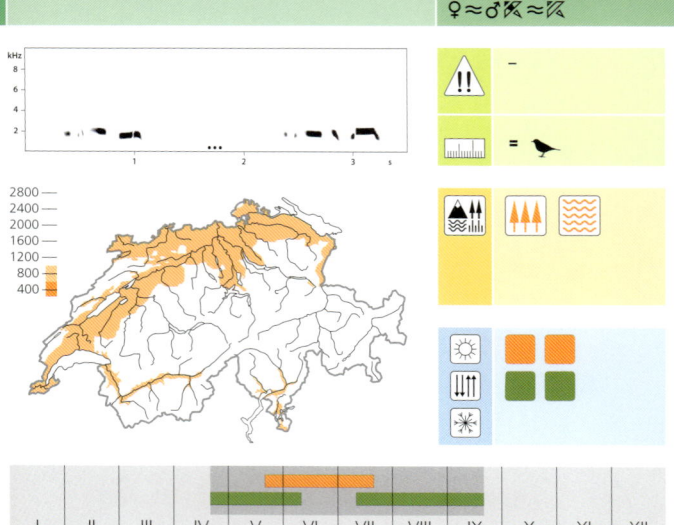

206

- ▶ Halsbandschnäpper
- ▶ Gobemouche à collier
- ▶ Balia dal collare
- ▶ sgnappamustgas dal cularin
- ▶ Collared Flycatcher
- ▶ *Ficedula albicollis*

192 / 193

- ▶ Bartmeise
- ▶ Panure à moustaches
- ▶ Basettino
- ▶ maset barbet
- ▶ Bearded Reedling
- ▶ *Panurus biarmicus*

–

207

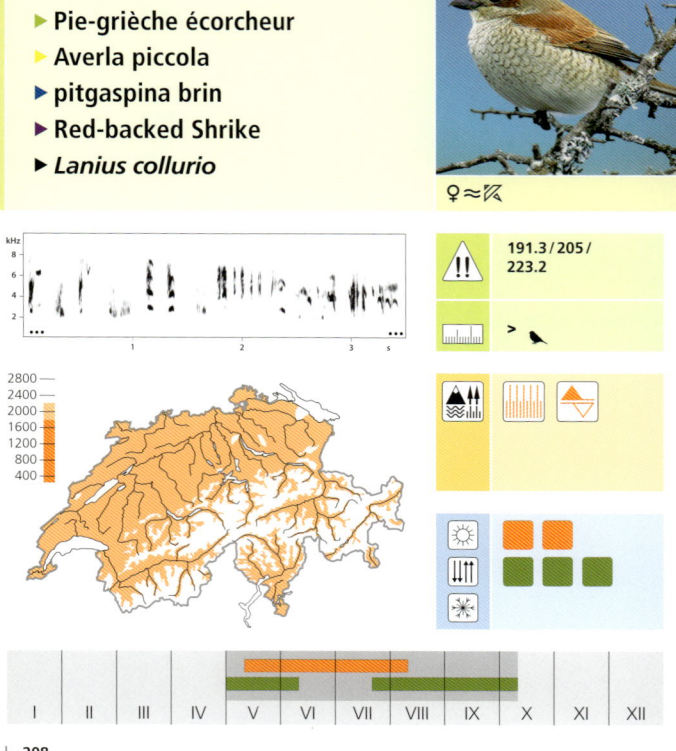

♂

- ▶ Neuntöter
- ▶ Pie-grièche écorcheur
- ▶ Averla piccola
- ▶ pitgaspina brin
- ▶ Red-backed Shrike
- ▶ *Lanius collurio*

♀ ≈ ⚥

191.3 / 205 / 223.2

208

♂=♀

- Eichelhäher
- Geai des chênes
- Ghiandaia
- sgragia
- Eurasian Jay
- *Garrulus glandarius*

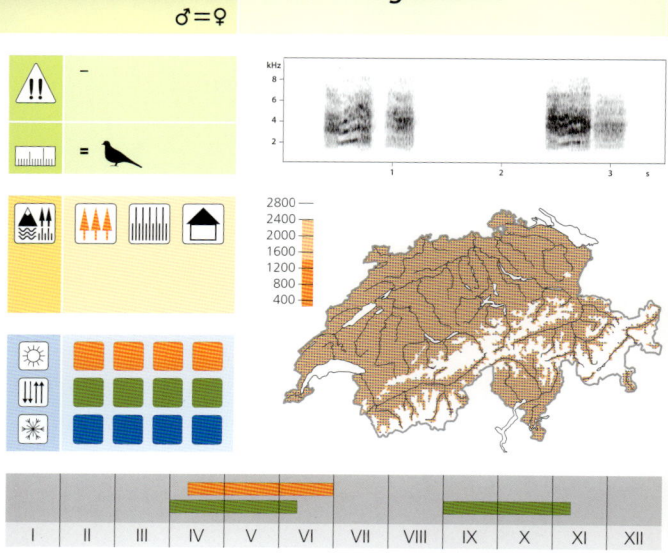

♂=♀

♂=♀

- ▶ **Elster**
- ▶ **Pie bavarde**
- ▶ **Gazza**
- ▶ **giazla**
- ▶ **Eurasian Magpie**
- ▶ *Pica pica*

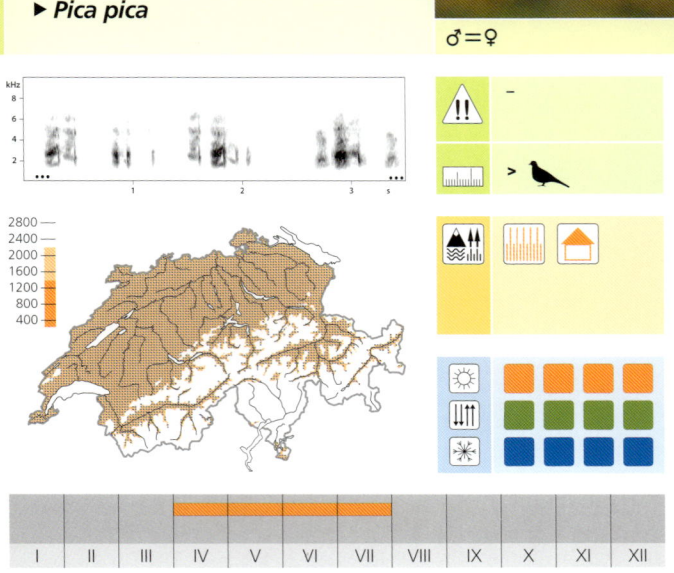

♂=♀

♂=♀

- Tannenhäher
- Cassenoix moucheté
- Nocciolaia
- cratschla
- Spotted Nutcracker
- *Nucifraga caryocatactes*

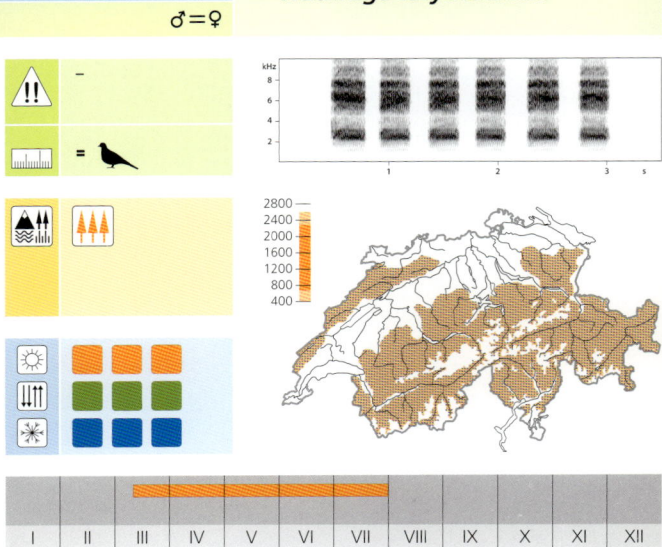

211

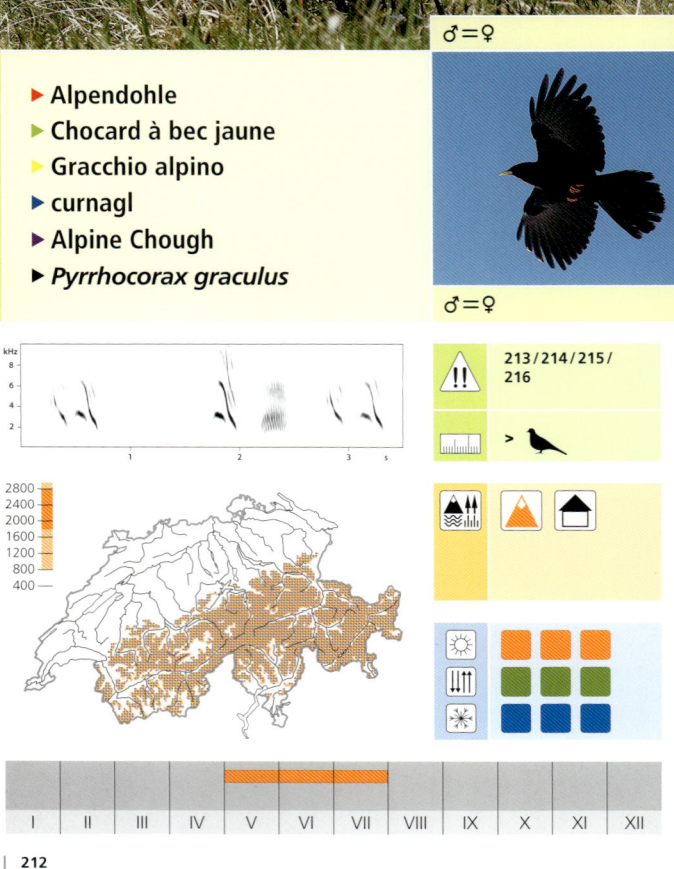

♂=♀

- ▶ Alpendohle
- ▶ Chocard à bec jaune
- ▶ Gracchio alpino
- ▶ curnagl
- ▶ Alpine Chough
- ▶ *Pyrrhocorax graculus*

♂=♀

213 / 214 / 215 / 216

| I | II | III | IV | V | VI | VII | VIII | IX | X | XI | XII |

♂ = ♀

- **Alpenkrähe**
- **Crave à bec rouge**
- **Gracchio corallino**
- **corvagl**
- **Red-billed Chough**
- ***Pyrrhocorax pyrrhocorax***

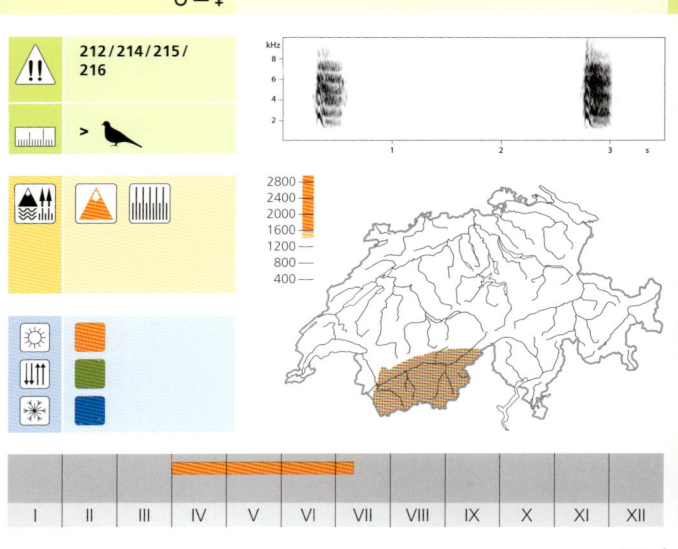

♂ = ♀

212 / 214 / 215 / 216

213

- ▶ Dohle
- ▶ Choucas des tours
- ▶ Taccola
- ▶ tulaun
- ▶ Western Jackdaw
- ▶ *Corvus monedula*

♂ = ♀

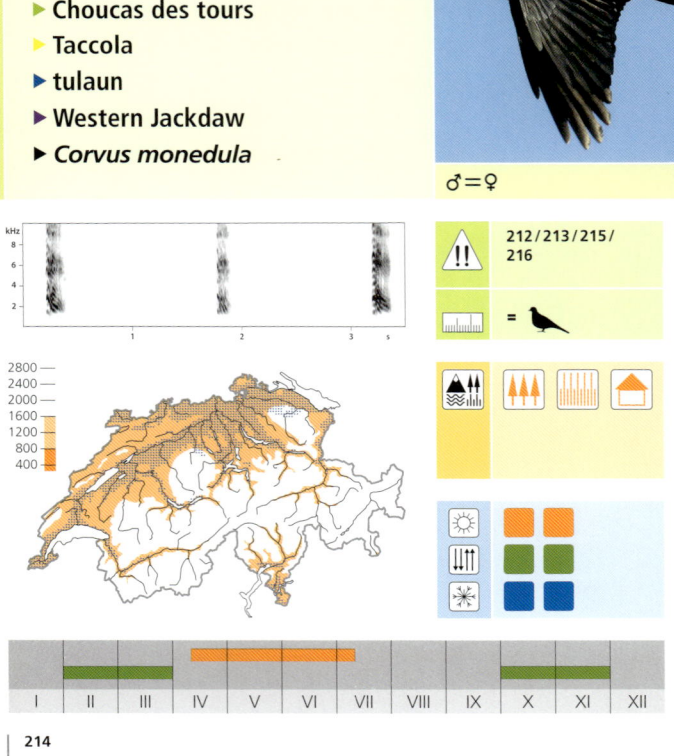

212 / 213 / 215 / 216

♂=♀≈🦜

- ▶ Saatkrähe
- ▶ Corbeau freux
- ▶ Corvo comune
- ▶ corv champester
- ▶ Rook
- ▶ *Corvus frugilegus*

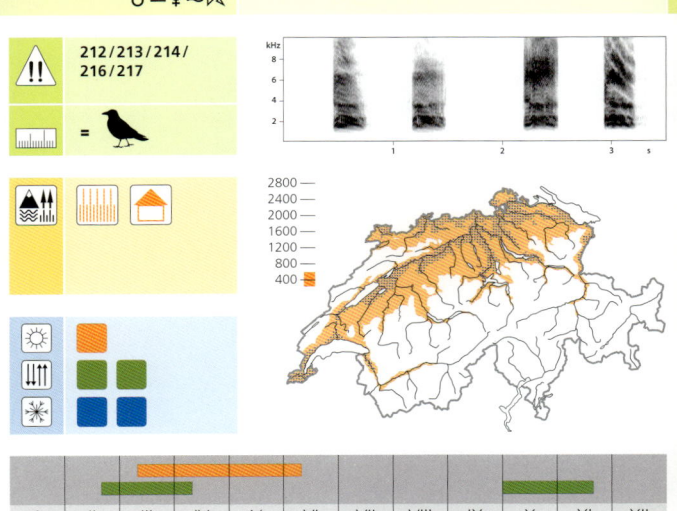

♂=♀≈🦜

212/213/214/216/217

215

▶ **Raben-/Nebelkrähe**
▶ Corneille noire/mantelée
▶ Cornacchia nera/grigia
▶ corv nair/grisch
▶ **Carrion/Hooded Crow**
▶ *Corvus corone*

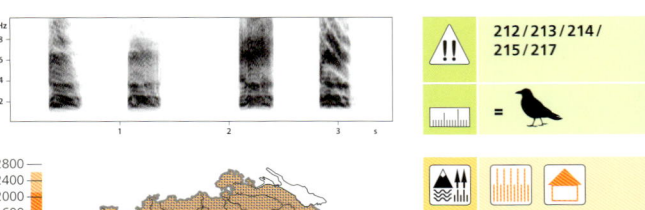

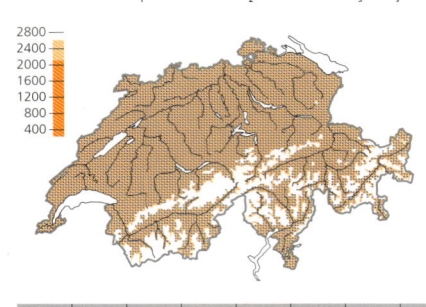

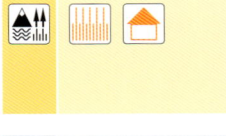

♂ = ♀

212 / 213 / 214 / 215 / 217

216

- Kolkrabe
- Grand Corbeau
- Corvo imperiale
- corv grond
- Northern Raven
- *Corvus corax*

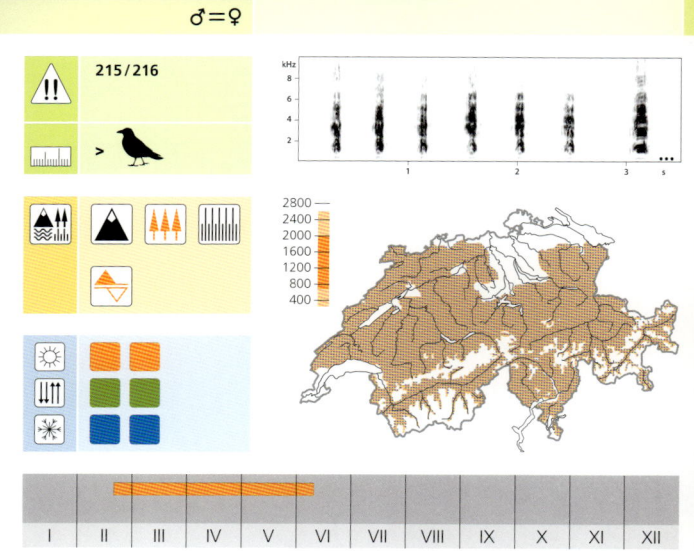

215 / 216

- ▶ **Star**
- ▶ **Etourneau sansonnet**
- ▶ **Storno**
- ▶ **sturnel**
- ▶ **Common Starling**
- ▶ ***Sturnus vulgaris***

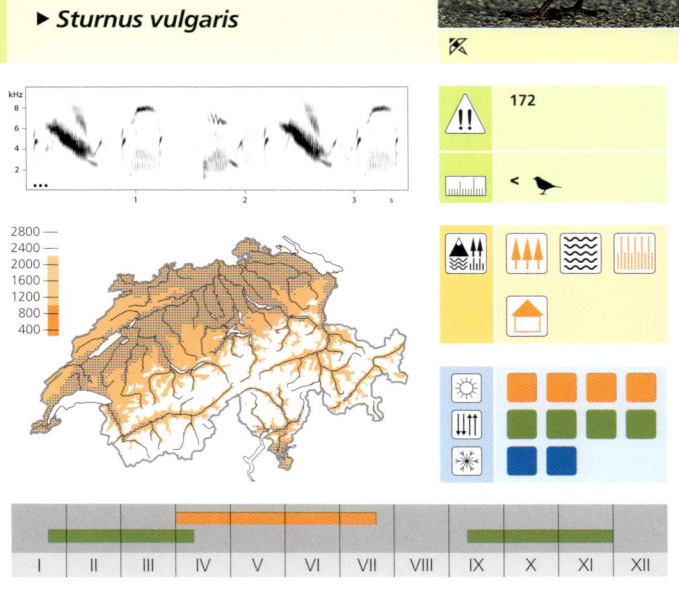

172

♂

- **Haussperling**
- **Moineau domestique**
- **Passera europea**
- **pasler da chasa**
- **House Sparrow**
- ***Passer domesticus***

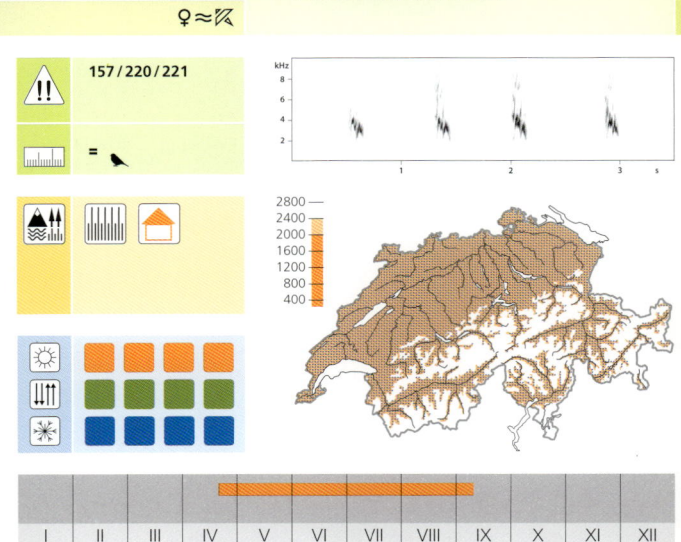

♀ ≈ 🗡

157 / 220 / 221

219

- ▶ Italiensperling
- ▶ Moineau cisalpin
- ▶ Passera d'Italia
- ▶ pasler talian
- ▶ Italian Sparrow
- ▶ *Passer hispaniolensis italiae*

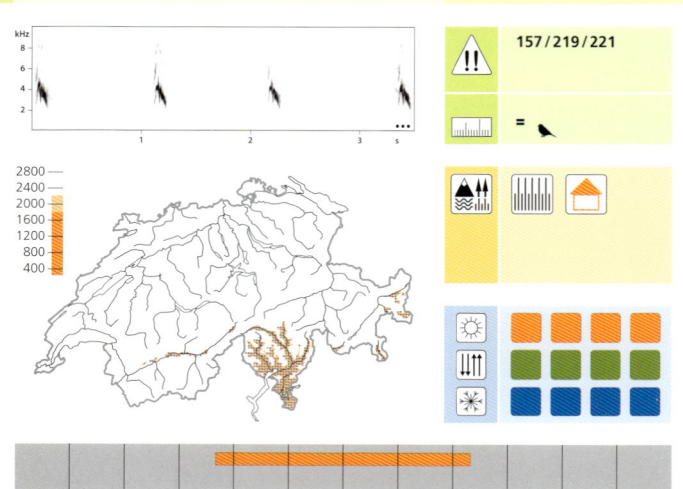

157 / 219 / 221

♂ ≈ ♀

- ▶ **Feldsperling**
- ▶ **Moineau friquet**
- ▶ **Passera mattugia**
- ▶ **pasler da prada**
- ▶ **Eurasian Tree Sparrow**
- ▶ *Passer montanus*

219 / 220

♂ ≈ ♀ ≈ 🦅

- ▶ **Schneesperling**
- ▶ **Niverolle alpine**
- ▶ **Fringuello alpino**
- ▶ **squinz**
- ▶ **White-winged Snowfinch**
- ▶ *Montifringilla nivalis*

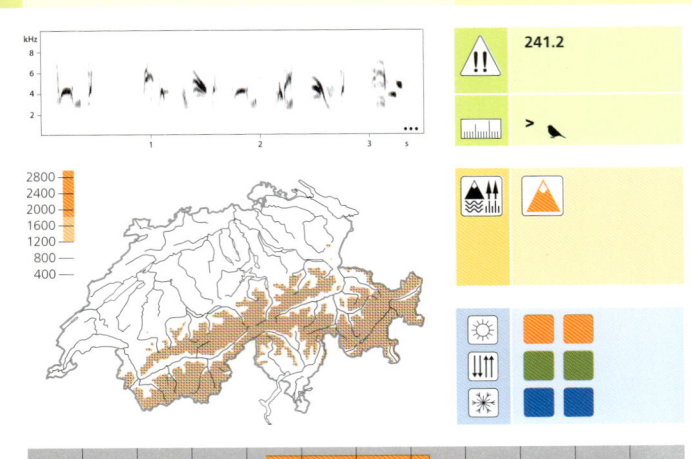

♂ ≈ ♀ ≈ 🦅

241.2

- ▶ Raubwürger
- ▶ Pie-grièche grise
- ▶ Averla maggiore
- ▶ pitgaspina grisch
- ▶ Great Grey Shrike
- ▶ *Lanius excubitor*

♂≈♀≈⚥ ⚠ –

- ▶ Rotkopfwürger
- ▶ Pie-grièche à tête rousse
- ▶ Averla capirossa
- ▶ pitgaspina dal chau cotschen
- ▶ Woodchat Shrike
- ▶ *Lanius senator*

♂≈♀ ⚠ 208

♂

- **Buchfink**
- **Pinson des arbres**
- **Fringuello**
- **fringhel**
- **Common Chaffinch**
- ***Fringilla coelebs***

♀ ≈ ♂ ≈

225 / 228

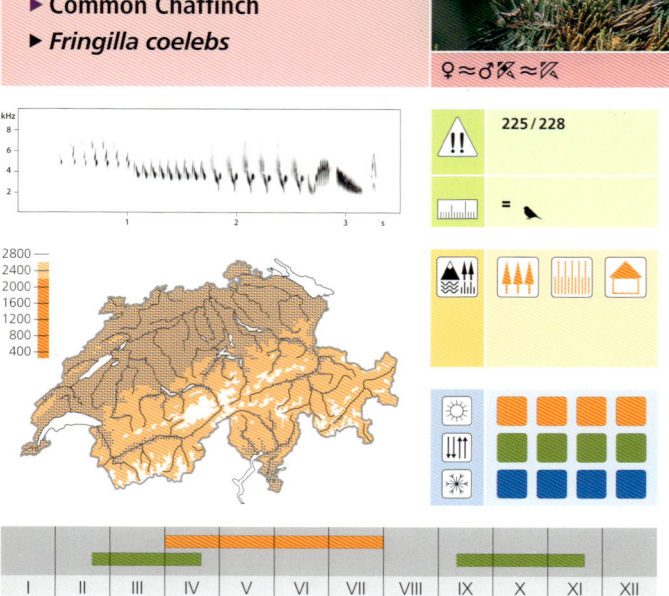

224

♀ ≈ ♂ 🗝 ≈ 🗝

♂ 🗝

- ▶ Bergfink
- ▶ Pinson du Nord
- ▶ Peppola
- ▶ fringhel dal nord
- ▶ Brambling
- ▶ *Fringilla montifringilla*

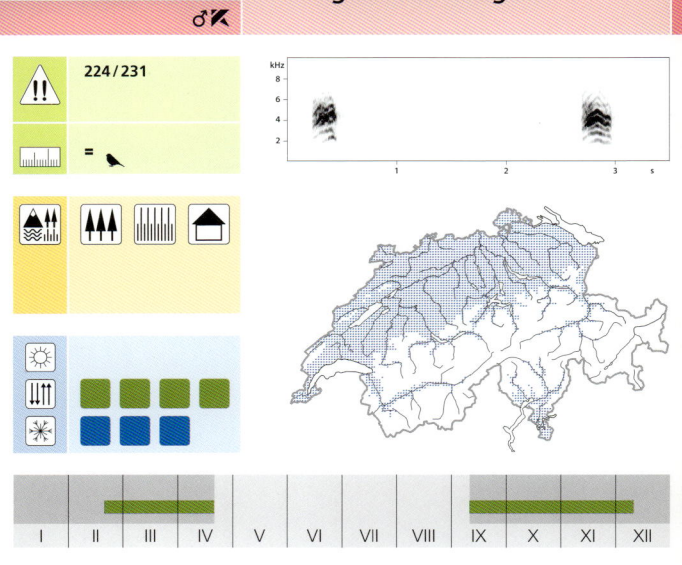

224 / 231

225

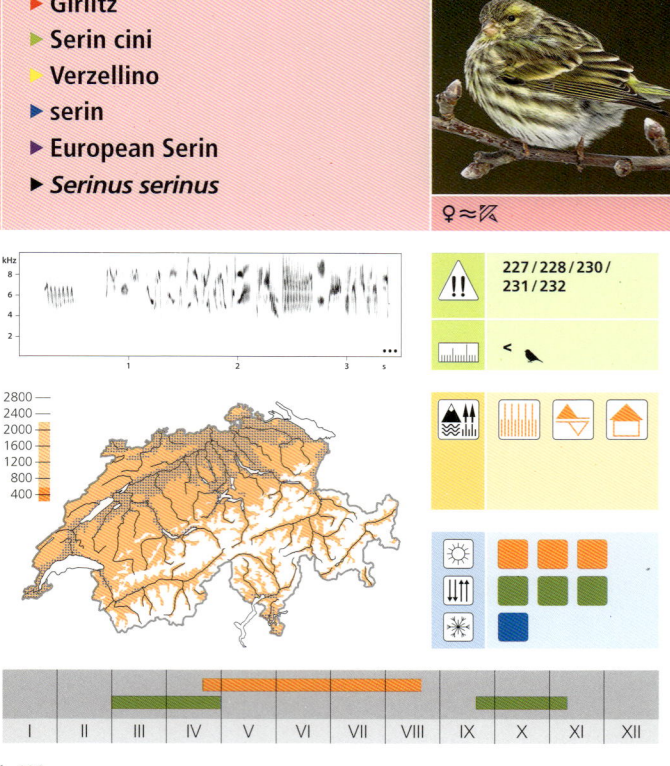

♂

- ▶ **Girlitz**
- ▶ **Serin cini**
- ▶ **Verzellino**
- ▶ **serin**
- ▶ **European Serin**
- ▶ ***Serinus serinus***

♀ ≈ ♂

227 / 228 / 230 / 231 / 232

♂

♀ ≈ ✂

- ▶ **Zitronengirlitz**
- ▶ **Venturon montagnard**
- ▶ **Venturone alpino**
- ▶ **citronel**
- ▶ **Citril Finch**
- ▶ *Serinus citrinella*

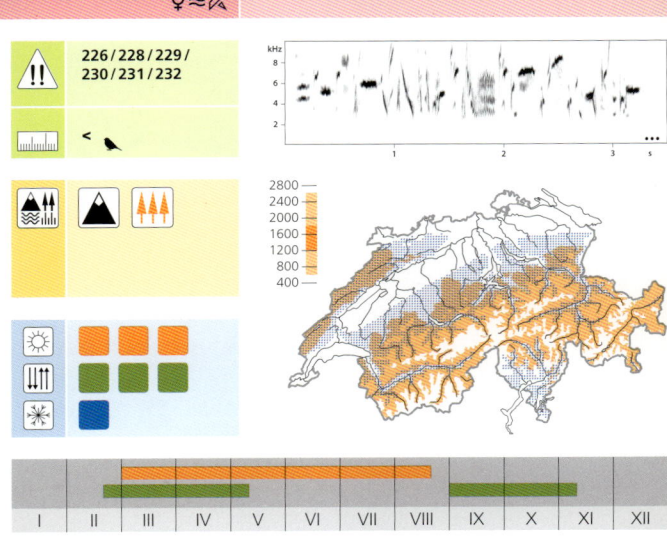

226 / 228 / 229 / 230 / 231 / 232

< 🐦

- ▶ **Grünfink**
- ▶ **Verdier d'Europe**
- ▶ **Verdone**
- ▶ **verdaun**
- ▶ **European Greenfinch**
- ▶ *Carduelis chloris*

♂

♀ ≈ 🅧

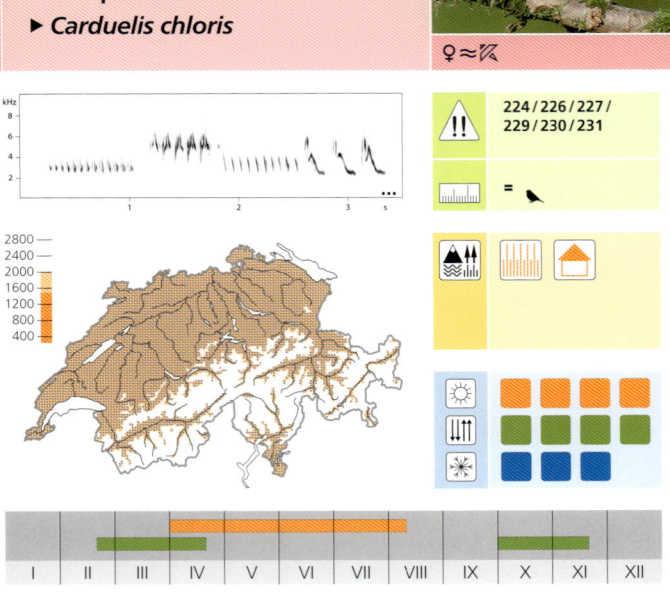

224 / 226 / 227 / 229 / 230 / 231

♀ = ♂

- ▶ **Distelfink**
- ▶ **Chardonneret élégant**
- ▶ **Cardellino**
- ▶ **chardelin**
- ▶ **European Goldfinch**
- ▶ ***Carduelis carduelis***

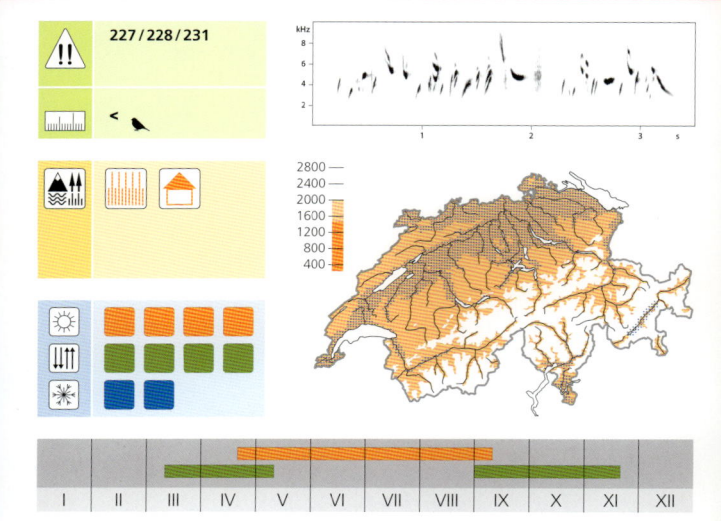

227 / 228 / 231

229

♂

- ▶ Erlenzeisig
- ▶ Tarin des aulnes
- ▶ Lucherino
- ▶ zaisch d'ogna
- ▶ Eurasian Siskin
- ▶ *Carduelis spinus*

♀ ≈ 🗡

226 / 227 / 228 / 232

< 🐦

| I | II | III | IV | V | VI | VII | VIII | IX | X | XI | XII |

230

♂

♀ ≈ ⚥

- Hänfling
- Linotte mélodieuse
- Fanello
- chanvalin
- Common Linnet
- *Carduelis cannabina*

205 / 225 / 226 / 227 / 228 / 229 / 232 / 241.1

231

♂

- ▶ Alpenbirkenzeisig
- ▶ Sizerin cabaret
- ▶ Organetto minore
- ▶ zaisch da laresch alpin
- ▶ Lesser Redpoll
- ▶ *Carduelis cabaret*

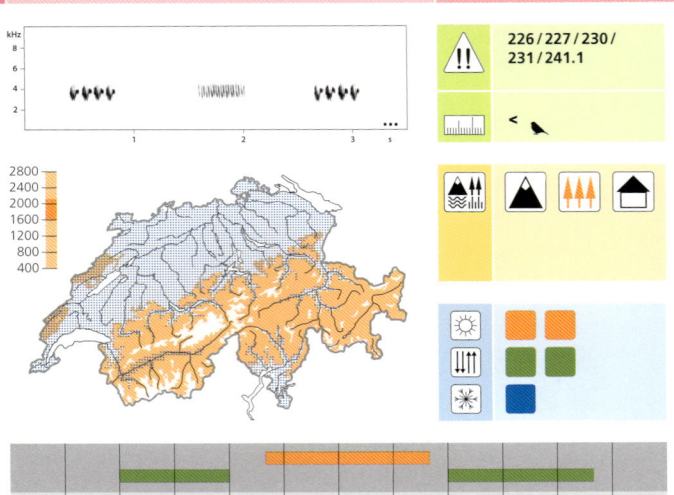

♀ ≈ ♂

226 / 227 / 230 / 231 / 241.1

232

- **Fichtenkreuzschnabel**
- **Bec-croisé des sapins**
- **Crociere**
- **cruscharel**
- **Red Crossbill**
- ***Loxia curvirostra***

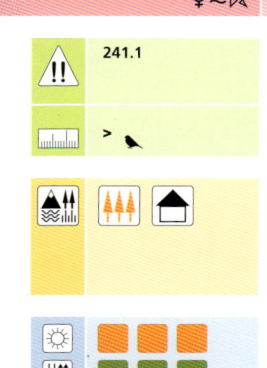

241.1

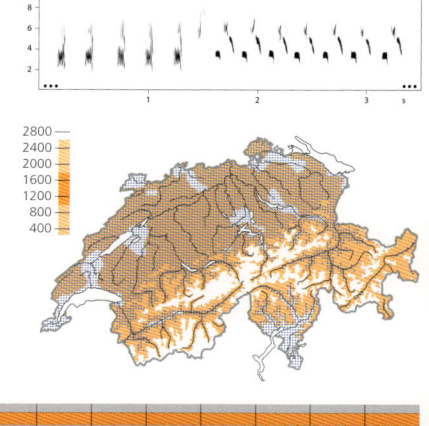

- ▶ **Gimpel**
- ▶ **Bouvreuil pivoine**
- ▶ **Ciuffolotto**
- ▶ **prelat**
- ▶ **Eurasian Bullfinch**
- ▶ *Pyrrhula pyrrhula*

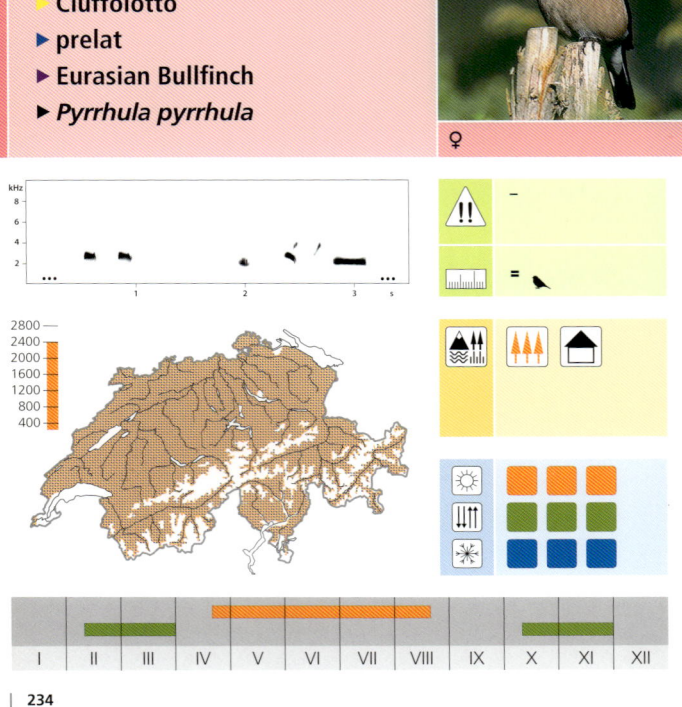

♂

♀ ≈ ⚟

- Kernbeisser
- Grosbec casse-noyaux
- Frosone
- smatget
- Hawfinch
- *Coccothraustes coccothraustes*

235

♂

- ▶ **Goldammer**
- ▶ **Bruant jaune**
- ▶ **Zigolo giallo**
- ▶ **marena d'aua**
- ▶ **Yellowhammer**
- ▶ *Emberiza citrinella*

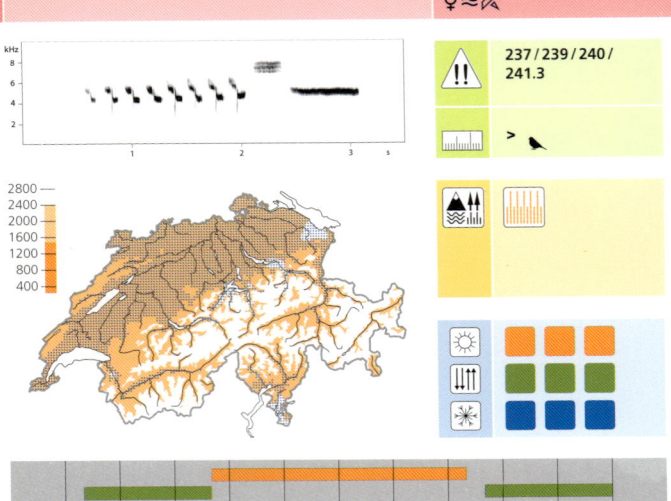

♀ ≈

237 / 239 / 240 / 241.3

| I | II | III | IV | V | VI | VII | VIII | IX | X | XI | XII |

♂

♀ ≈ ✂

- ▶ **Zaunammer**
- ▶ **Bruant zizi**
- ▶ **Zigolo nero**
- ▶ **marena da vigna**
- ▶ **Cirl Bunting**
- ▶ ***Emberiza cirlus***

⚠ 236 / 239 / 240 / 241.3

237

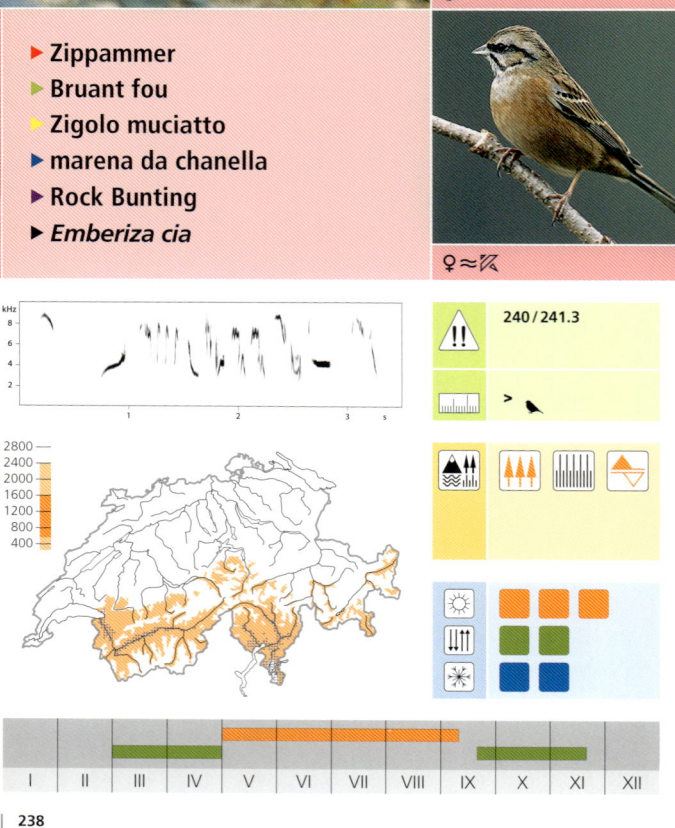

♂

- ▶ **Zippammer**
- ▶ **Bruant fou**
- ▶ **Zigolo muciatto**
- ▶ **marena da chanella**
- ▶ **Rock Bunting**
- ▶ *Emberiza cia*

♀ ≈ ♂

240 / 241.3

♂

- **Rohrammer**
- **Bruant des roseaux**
- **Migliarino di palude**
- **marena da pali**
- **Common Reed Bunting**
- *Emberiza schoeniclus*

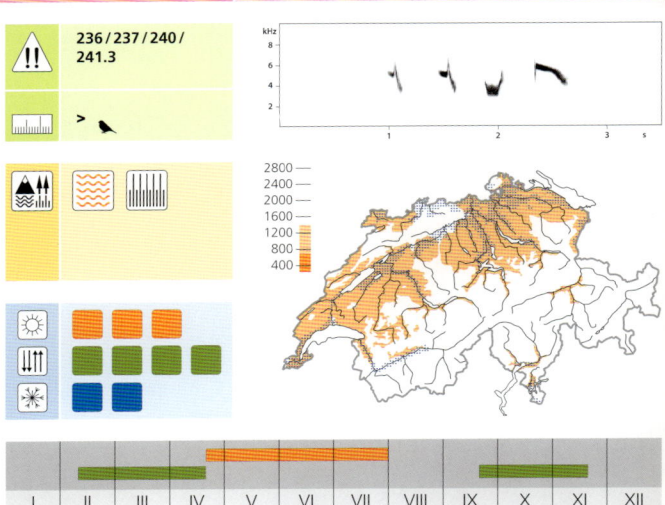

♀ ≈ ⚥

236 / 237 / 240 / 241.3

- ▶ Grauammer
- ▶ Bruant proyer
- ▶ Strillozzo
- ▶ marena grischa
- ▶ Corn Bunting
- ▶ *Emberiza calandra*

236 / 237 / 238 / 239 / 241.3

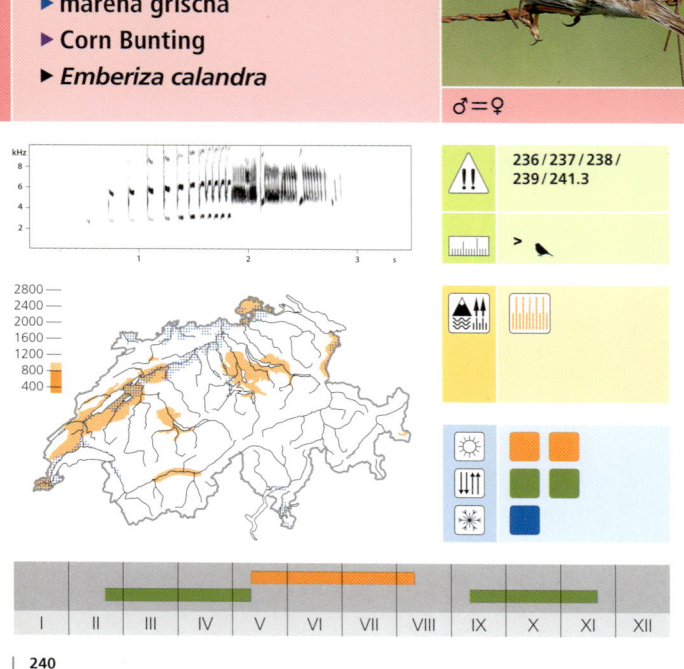

240

♀ ≈ ✓

- ▶ **Karmingimpel**
- ▶ Roselin cramoisi
- ▶ Ciuffolotto scarlatto
- ▶ carmesin
- ▶ **Common Rosefinch**
- ▶ *Carpodacus erythrinus*

♂   ⚠ 231 / 232 / 233   =

♂ ✓

- ▶ **Schneeammer**
- ▶ Bruant des neiges
- ▶ Zigolo delle nevi
- ▶ marena da naiv
- ▶ **Snow Bunting**
- ▶ *Plectrophenax nivalis*

♀ ≈ ♂ ≈ ✓   ⚠ 222   >

♀ ≈ ✓

- ▶ **Ortolan**
- ▶ Bruant ortolan
- ▶ Ortolano
- ▶ marena da curtin
- ▶ **Ortolan Bunting**
- ▶ *Emberiza hortulana*

♂   ⚠ 236 / 237 / 238 / 239 / 240   =

241

- ▶ **Unregelmässig auftretende Arten und Ausnahmeerscheinungen**
- ▶ **Les espèces irrégulières et accidentelles**
- ▶ **Specie con presenza irregolare e accidentali**

Name deutsch	français	italiano	rumantsch	english	scientific
Zwergans	Oie naine	Oca lombardella minore	auca pitschna	Lesser White-fronted Goose	Anser erythropus
Weisswangengans	Bernache nonnette	Oca facciabianca	auca mungia	Barnacle Goose	Branta leucopsis
Ringelgans	Bernache cravant	Oca colombaccio	auca dal cularin	Brant Goose	Branta bernicla
Rothalsgans	Bernache à cou roux	Oca collorosso	auca dal culez cotschen	Red-breasted Goose	Branta ruficollis
Amerikanische Krickente	Sarcelle à ailes vertes	Alzavola americana	anda crecca americana	Green-winged Teal	Anas carolinensis
Blauflügelente	Sarcelle à ailes bleues	Marzaiola americana	anda blaua	Blue-winged Teal	Anas discors
Ringschnabelente	Fuligule à bec cerclé	Moretta dal collare	anda dal bec a cularin	Ring-necked Duck	Aythya collaris
Weisskopfruderente	Erismature à tête blanche	Gobbo rugginoso	anda spezia dal chau alv	White-headed Duck	Oxyura leucocephala
Rothuhn	Perdrix rouge	Pernice rossa	pernisch cotschna	Red-legged Partridge	Alectoris rufa
Gelbschnabeltaucher	Plongeon à bec blanc	Strolaga beccogiallo	stunsella da glatsch dal bec mellen	Yellow-billed Loon	Gavia adamsii
Gelbschnabelsturmtaucher	Puffin cendré	Berta maggiore	tempestella dal bec mellen	Cory's Shearwater	Calonectris diomedea
Dunkler Sturmtaucher	Puffin fuligineux	Berta grigia	tempestella grischa	Sooty Shearwater	Puffinus griseus
Schwarzschnabelsturmtaucher	Puffin des Anglais	Berta minore atlantica	tempestella dal bec nair	Manx Shearwater	Puffinus puffinus
Mittelmeersturmtaucher	Puffin yelkouan	Berta minore mediterranea	tempestella mediterana	Yelkouan Shearwater	Puffinus yelkouan
Sturmschwalbe	Océanite tempête	Uccello delle tempeste	pitriel da tempesta	European Storm Petrel	Hydrobates pelagicus
Wellenläufer	Océanite culblanc	Uccello delle tempeste codaforcuta	rivarel d'undas	Leach's Storm Petrel	Oceanodroma leucorhoa
Madeirawellenläufer	Océanite de Castro	Uccello delle tempeste di Castro	rivarel d'undas da Madeira	Band-rumped Storm Petrel	Oceanodroma castro
Basstölpel	Fou de Bassan	Sula	sula	Northern Gannet	Morus bassanus
Krähenscharbe	Cormoran huppé	Marangone dal ciuffo	cormoran da la cresta	European Shag	Phalacrocorax aristotelis
Zwergscharbe	Cormoran pygmée	Marangone minore	cormoran pitschen	Pygmy Cormorant	Phalacrocorax pygmeus
Rosapelikan	Pélican blanc	Pellicano comune	pelican rosa	Great White Pelican	Pelecanus onocrotalus
Sichler	Ibis falcinelle	Mignattaio	ibis dal bec tort	Glossy Ibis	Plegadis falcinellus
Rosaflamingo	Flamant rose	Fenicottero	flamingo rosa	Greater Flamingo	Phoenicopterus roseus
Gleitaar	Elanion blanc	Nibbio bianco	milan da las alas nairas	Black-winged Kite	Elanus caeruleus
Schmutzgeier	Vautour percnoptère	Capovaccaio	tschess egipzian	Egyptian Vulture	Neophron percnopterus
Gänsegeier	Vautour fauve	Grifone	tschess cularin	Griffon Vulture	Gyps fulvus
Mönchsgeier	Vautour moine	Avvoltoio monaco	tschess dal chaptsch	Cinereous Vulture	Aegypius monachus
Steppenweihe	Busard pâle	Albanella pallida	melv sbiatg	Pallid Harrier	Circus macrourus
Adlerbussard	Buse féroce	Poiana codabianca	girun dal pe lung	Long-legged Buzzard	Buteo rufinus
Raufussbussard	Buse pattue	Poiana calzata	girun dal pe pallius	Roughleg	Buteo lagopus
Schelladler	Aigle pomarin	Aquila anatraia minore	evla-stgelia pitschna	Lesser Spotted Eagle	Aquila pomarina
Zwergadler	Aigle botté	Aquila minore	evla pitschna	Booted Eagle	Hieraaetus pennatus
Rotelfalke	Faucon crécerellette	Grillaio	crivel pitschen	Lesser Kestrel	Falco naumanni
Gerfalke	Faucon gerfaut	Girfalco	falcun dal nord	Gyrfalcon	Falco rusticolus
Zwergsumpfhuhn	Marouette de Baillon	Schribilla grigiata	pulsauna nanna	Baillon's Crake	Porzana pusilla
Zwergtrappe	Outarde canepetière	Gallina pratiaiola	droppa pitschna	Little Bustard	Tetrax tetrax
Saharakragentrappe	Outarde houbara	Ubara africana	droppa dal culier	Houbara Bustard	Chlamydotis undulata
Steppenkragentrappe	Outarde de Macqueen	Ubara asiatica	droppa asiatica	Macqueen's Bustard	Chlamydotis macqueenii
Grosstrappe	Outarde barbue	Otarda	droppa gronda	Great Bustard	Otis tarda

- ▶ Spezias ch'ins vesa irregularmain ed excepziuns
- ▶ Irregularly occurring species and rarities

Name deutsch	français	italiano	rumantsch	english	scientific
Rennvogel	Courvite isabelle	Corrione biondo	currider	Cream-colored Courser	Cursorius cursor
Rotflügelbrachschwalbe	Glaréole à collier	Pernice di mare	glaret da l'ala cotscha	Collared Pratincole	Glareola pratincola
Schwarzflügelbrachschwalbe	Glaréole à ailes noires	Pernice di mare orientale	glaret da l'ala naira	Black-winged Pratincole	Glareola nordmanni
Keilschwanzregenpfeifer	Gravelot kildir	Corriere americano	gravarel canerus	Killdeer	Charadrius vociferus
Pazifischer Goldregenpfeifer	Pluvier fauve	Piviere orientale	gravarel dorà oriental	Pacific Golden Plover	Pluvialis fulva
Steppenkiebitz	Vanneau sociable	Pavoncella gregaria	vanel da rotscha	Sociable Lapwing	Vanellus gregarius
Weissbürzelstrandläufer	Bécasseau de Bonaparte	Gambecchio di Bonaparte	rivarel dal tgil alv	White-rumped Sandpiper	Calidris fuscicollis
Graubruststrandläufer	Bécasseau tacheté	Piovanello pettorale	rivarel puppengirsch	Pectoral Sandpiper	Calidris melanotos
Meerstrandläufer	Bécasseau violet	Piovanello violetto	rivarel violet	Purple Sandpiper	Calidris maritima
Sumpfläufer	Bécasseau falcinelle	Gambecchio frullino	rivarel dal bec lad	Broad-billed Sandpiper	Limicola falcinellus
Grasläufer	Bécasseau rousset	Piro piro fulvo	rivare puppencotschment	Buff-breasted Sandpiper	Tryngites subruficollis
Doppelschnepfe	Bécassine double	Croccolone	becassina dubla	Great Snipe	Gallinago media
Dünnschnabelbrachvogel	Courlis à bec grêle	Chiurlottello	fliaun dal bec satigl	Slender-billed Curlew	Numenius tenuirostris
Terekwasserläufer	Chevalier bargette	Piro piro del Terek	trintga da Terek	Terek Sandpiper	Xenus cinereus
Drosseluferläufer	Chevalier grivelé	Piro piro macchiato	rivun taclà	Spotted Sandpiper	Actitis macularius
Thorshühnchen	Phalarope à bec large	Falaropo beccolargo	rivarel curt	Red Phalarope	Phalaropus fulicarius
Spatelraubmöwe	Labbe pomarin	Stercorario mezzano	muetta mesauna	Pomarine Skua	Stercorarius pomarinus
Falkenraubmöwe	Labbe à longue queue	Labbo codalunga	muetta da la cua lunga	Long-tailed Jaeger	Stercorarius longicaudus
Skua	Grand Labbe	Stercorario maggiore	muetta gronda	Great Skua	Stercorarius skua
Aztekenmöwe	Mouette atricille	Gabbiano sghignazzante	muetta sghigrianta	Laughing Gull	Larus atricilla
Präriemöwe	Mouette de Franklin	Gabbiano di Franklin	muetta dà Franklin	Franklin's Gull	Larus pipixcan
Schwalbenmöwe	Mouette de Sabine	Gabbiano di Sabine	muetta randulina	Sabine's Gull	Larus sabini
Dünnschnabelmöwe	Goéland railleur	Gabbiano roseo	muetta dal bec satigl	Slender-billed Gull	Larus genei
Korallenmöwe	Goéland d'Audouin	Gabbiano corso	muetta d'Audouin	Audouin's Gull	Larus audouinii
Eismöwe	Mouette bourgmestre	Gabbiano glauco	muetta verda	Glaucous Gull	Larus hyperboreus
Elfenbeinmöwe	Mouette blanche	Gabbiano eburneo	muetta d'ivur	Ivory Gull	Pagophila eburnea
Rüppellseeschwalbe	Sterne voyageuse	Sterna di Rüppell	pestgarel bengal	Lesser Crested Tern	Sterna bengalensis
Rosenseeschwalbe	Sterne de Dougall	Sterna di Dougall	pestgarel da Dougall	Roseate Tern	Sterna dougallii
Trottellumme	Guillemot de Troïl	Uria	vriel	Common Murre	Uria aalge
Langschnabelalk	Guillemot à long bec	Urietta beccolungo	alc dal bec lung	Long-billed Murrelet	Brachyramphus perdix
Steppenflughuhn	Syrrhapte paradoxal	Sirratte	giaglina da tundra	Pallas's Sandgrouse	Syrrhaptes paradoxus
Häherkuckuck	Coucou geai	Cuculo dal ciuffo	cucu taclà	Great Spotted Cuckoo	Clamator glandarius
Sperbereule	Chouette épervière	Ulula	curatscha blaua	Northern Hawk-Owl	Surnia ulula
Blauracke	Rollier d'Europe	Ghiandaia marina	lodola dal'ala alva	European Roller	Coracias garrulus
Kalanderlerche	Alouette calandre	Calandra	lodola calandra	Calandra Lark	Melanocorypha calandra
Weissflügellerche	Alouette leucoptère	Calandra siberiana	lodola dal'ala alva	White-winged Lark	Melanocorypha leucoptera
Stummellerche	Alouette pispolette	Calandrina	lodola da la detta curta naina	Lesser Short-toed Lark	Calandrella rufescens
Haubenlerche	Cochevis huppé	Cappellaccia	lodola da la cresta	Crested Lark	Galerida cristata
Ohrenlerche	Alouette hausse-col	Allodola golagialla	lodola puppemelien	Horned Lark	Eremophila alpestris

243

Name deutsch	français	italiano	rumantsch	english	scientific
Rötelschwalbe	Hirondelle rousseline	Rondine rossiccia	randulina cotschmida	Red-rumped Swallow	Hirundo daurica
Spornpieper	Pipit de Richard	Calandro maggiore	pivet noozelandais	Richard's Pipit	Anthus richardi
Waldpieper	Pipit à dos olive	Prispolone indiano	pivet da guaud	Olive-backed Pipit	Anthus hodgsoni
Zitronenstelze	Bergeronnette citrine	Cutrettola testagialla orientale	ballacua citronella	Citrine Wagtail	Motacilla citreola
Heckensänger	Agrobate roux	Usignolo d'Africa	luschaina dal nord	Rufous-tailed Scrub Robin	Cercotrichas galactotes
Sprosser	Rossignol progné	Usignolo maggiore	luschaina dal nord	Thrush Nightingale	Luscinia luscinia
Weisskehlsänger	Iranie à gorge blanche	Pettirosso golabianca	puppercotschen gul'alva	White-throated Robin	Irania gutturalis
Mittelmeersteinschmätzer	Traquet oreillard	Monachella	pitgacrap mediteran	Black-eared Wheatear	Oenanthe hispanica
Wüstensteinschmätzer	Traquet du désert	Monachella del deserto	pitgacrap dal desert	Desert Wheatear	Oenanthe deserti
Schieferdrossel	Grive de Sibérie	Tordo siberiano	turschi da la Sibiria	Siberian Thrush	Zoothera sibirica
Cistensänger	Cisticole des joncs	Beccamoschino	chamarel da la cua lada	Zitting Cisticola	Cisticola juncidis
Schlagschwirl	Locustelle fluviatile	Locustella fluviatile	scroller da flum	River Warbler	Locustella fluviatilis
Mariskensänger	Lusciniole à moustaches	Forapaglie castagnolo	chamarel barbet	Moustached Warbler	Acrocephalus melanopogon
Buschrohrsänger	Rousserolle des buissons	Cannaiola di Blyth	chamarel da chaglia	Blyth's Reed Warbler	Acrocephalus dumetorum
Feldrohrsänger	Rousserolle isabelle	Cannaiola di Jerdon	chamarel da champagna	Paddyfield Warbler	Acrocephalus agricola
Buschspötter	Hypolaïs bottée	Canapino asiatico	beffegiader asiatic	Booted Warbler	Hippolais caligata
Orpheusgrasmücke	Fauvette orphée	Bigia grossa	fustgetta gronda	Orphean Warbler	Sylvia hortensis
Brillengrasmücke	Fauvette à lunettes	Sterpazzola della Sardegna	fustgetta dals egliers	Spectacled Warbler	Sylvia conspicillata
Provencegrasmücke	Fauvette pitchou	Magnanina comune	fustgetta da la Provence	Dartford Warbler	Sylvia undata
Samtkopfgrasmücke	Fauvette mélanocéphale	Occhiocotto	fustgetta dal chau nair	Sardinian Warbler	Sylvia melanocephala
Gelbbrauenlaubsänger	Pouillot à grands sourcils	Luì forestiero	feglarel da tschieglias	Yellow-browed Warbler	Phylloscopus inornatus
Bartlaubsänger	Pouillot de Schwarz	Luì di Radde	feglarel da Schwarz	Radde's Warbler	Phylloscopus schwarzi
Dunkellaubsänger	Pouillot brun	Luì scuro	feglarel stqir	Dusky Warbler	Phylloscopus fuscatus
Zwergschnäpper	Gobemouche nain	Pigliamosche pettirosso	spnappamustgas pitschen	Red-breasted Flycatcher	Ficedula parva
Isabellwürger	Pie-grièche isabelle	Averla isabellina	pitgaspina isabellin	Isabelline Shrike	Lanius isabellinus
Schwarzstirnwürger	Pie-grièche à poitrine rose	Averla cenerina	pitgaspina stgarvunà	Lesser Grey Shrike	Lanius minor
Rosenstar	Etourneau roselin	Storno roseo	sturnel rosa	Rosy Starling	Sturnus roseus
Steinsperling	Moineau soulcie	Passera lagia	pasler da grip	Rock Sparrow	Petronia petronia
Berghänfling	Linotte à bec jaune	Fanello nordico	chanvalin da muntogna	Twite	Carduelis flavirostris
Taigabirkenzeisig	Sizerin flammé	Organetto nordico	zaisch da laresch nordic	Common Redpoll	Carduelis flammea
Wüstengimpel	Roselin githagine	Trombettiere	trumbettist	Trumpeter Finch	Bucanetes githagineus
Hakengimpel	Durbec des sapins	Ciuffolotto delle pinete	bec-gross da guaud	Pine Grosbeak	Pinicola enucleator
Spornammer	Bruant lapon	Zigolo della Lapponia	marena dal nord	Lapland Longspur	Calcarius lapponicus
Fichtenammer	Bruant à calotte blanche	Zigolo golarossa	marena da pign	Pine Bunting	Emberiza leucocephalos
Waldammer	Bruant rustique	Zigolo boschereccio	marena da guaud	Rustic Bunting	Emberiza rustica
Zwergammer	Bruant nain	Zigolo minore	marena pitschna	Little Bunting	Emberiza pusilla
Kappenammer	Bruant mélanocéphale	Zigolo capinero	marena dal chau nair	Black-headed Bunting	Emberiza melanocephala

244

▶ Index deutsch

Adlerbussard 242
Alpenbirkenzeisig 232
Alpenbraunelle 158
Alpendohle 212
Alpenkrähe 213
Alpenschneehuhn 56
Alpensegler 132
Alpenstrandläufer 94
Amerikanische Krickente 242
Amsel 172
Auerhuhn 58
Austernfischer 105
Aztekenmöwe 243
Bachstelze 154
Bartgeier 77
Bartlaubsänger 244
Bartmeise 207
Basstölpel 242
Baumfalke 85
Baumpieper 149
Bekassine 96
Bergente 54
Bergfink 225
Berghänfling 244
Berglaubsänger 183
Bergpieper 151
Bergstelze 153
Beutelmeise 205
Bienenfresser 142
Birkhuhn 57
Blässgans 53
Blässhuhn 91
Blauflügelente 242
Blaukehlchen 163
Blaumeise 199
Blaumerle 170
Blauracke 243
Brachpieper 159
Brandgans 38
Brandseeschwalbe 118
Braunkehlchen 166
Brillengrasmücke 244
Bruchwasserläufer 102
Buchfink 224
Buntspecht 140
Buschrohrsänger 244
Buschspötter 244
Cistensänger 244
Distelfink 229
Dohle 214
Doppelschnepfe 243
Dorngrasmücke 182
Dreizehenmöwe 118
Dreizehenspecht 143
Drosselrohrsänger 190
Drosseluferläufer 243
Dunkellaubsänger 244
Dunkler Sturmtaucher 242
Dunkler Wasserläufer 109
Dünnschnabelbrachvogel 243
Dünnschnabelmöwe 243
Eichelhäher 209
Eiderente 50
Eisente 54
Eismöwe 243
Eistaucher 70
Eisvogel 134

Elfenbeinmöwe 243
Elster 210
Erlenzeisig 230
Fahlsegler 142
Falkenraubmöwe 243
Fasan 59
Feldlerche 144
Feldrohrsänger 244
Feldschwirl 189
Feldsperling 221
Felsenschwalbe 146
Fichtenammer 244
Fichtenkreuzschnabel 233
Fischadler 83
Fitis 186
Flussregenpfeifer 92
Flussseeschwalbe 114
Flussuferläufer 103
Gänsegeier 242
Gänsesäger 52
Gartenbaumläufer 204
Gartengrasmücke 180
Gartenrotschwanz 165
Gelbbrauenlaubsänger 244
Gelbschnabelsturmtaucher 242
Gelbschnabeltaucher 242
Gelbspötter 191
Gerfalke 242
Gimpel 234
Girlitz 226
Gleitaar 242
Goldammer 236
Goldregenpfeifer 106
Gransläufer 243
Grauammer 240
Graubruststrandläufer 243
Graugans 36
Graureiher 68
Grauschnäpper 192
Grauspecht 137
Grosser Brachvogel 98
Grosstrappe 242
Grünfink 228
Grünschenkel 100
Grünspecht 138
Habicht 79
Häherkuckuck 243
Hakengimpel 244
Halsbandschnäpper 207
Hänfling 231
Haselhuhn 58
Haubenlerche 243
Haubenmeise 197
Haubentaucher 71
Hausrotschwanz 164
Haussperling 219
Heckenbraunelle 157
Heckensänger 244
Heidelerche 159
Heringsmöwe 117
Höckerschwan 34
Hohltaube 121
Isabellwürger 244
Italiensperling 220
Kalanderlerche 243
Kampfläufer 95
Kappenammer 244

Karmingimpel 241
Keilschwanzregenpfeifer 243
Kernbeisser 235
Kiebitz 93
Kiebitzregenpfeifer 107
Klappergrasmücke 181
Kleiber 201
Kleines Sumpfhuhn 104
Kleinspecht 141
Knäkente 45
Knutt 107
Kohlmeise 200
Kolbenente 47
Kolkrabe 217
Korallenmöwe 243
Kormoran 63
Kornweihe 87
Krähenscharbe 242
Kranich 104
Krickente 42
Kuckuck 125
Kuhreiher 72
Kurzzehenlerche 159
Küstenseeschwalbe 119
Lachmöwe 111
Lachseeschwalbe 118
Langschnabelalk 243
Löffelente 46
Löffler 73
Madeirawellenläufer 242
Mandarinente 39
Mantelmöwe 117
Mariskensänger 244
Mauerläufer 202
Mauersegler 133
Mäusebussard 81
Meerstrandläufer 243
Mehlschwalbe 148
Merlin 85
Misteldrossel 176
Mittelmeermöwe 113
Mittelmeersteinschmätzer 244
Mittelmeersturmtaucher 242
Mittelsäger 55
Mittelspecht 142
Mönchsgeier 242
Mönchsgrasmücke 179
Mönchsmeise 196
Moorente 54
Mornellregenpfeifer 106
Nachtigall 162
Nachtreiher 65
Nebelkrähe 216
Neuntöter 208
Odinshühnchen 110
Ohrenlerche 243
Ohrentaucher 71
Orpheusgrasmücke 244
Orpheusspötter 191
Ortolan 241
Pazifischer Goldregenpfeifer 243
Pfeifente 40
Pfuhlschnepfe 109
Pirol 206
Prachttaucher 70
Präriemöwe 243
Provencegrasmücke 244

245

Purpurreiher 73
Rabenkrähe 216
Rallenreiher 72
Raubseeschwalbe 118
Raubwürger 223
Rauchschwalbe 147
Raufussbussard 242
Raufusskauz 131
Rebhuhn 59
Regenbrachvogel 109
Reiherente 49
Rennvogel 243
Ringdrossel 171
Ringelgans 242
Ringeltaube 122
Ringschnabelente 242
Rohrammer 239
Rohrdommel 72
Rohrschwirl 189
Rohrweihe 78
Rosaflamingo 242
Rosapelikan 242
Rosenseeschwalbe 243
Rosenstar 244
Rostgans 37
Rotdrossel 171
Rötelfalke 242
Rötelschwalbe 244
Rotflügelbrachschwalbe 243
Rotfussfalke 88
Rothalsgans 242
Rothalstaucher 71
Rothuhn 242
Rotkehlchen 161
Rotkehlpieper 160
Rotkopfwürger 223
Rotmilan 76
Rotschenkel 99
Rüppellseeschwalbe 243
Saatgans 53
Saatkrähe 215
Säbelschnäbler 105
Saharakragentrappe 242
Samtente 55
Samtkopfgrasmücke 244
Sanderling 107
Sandregenpfeifer 106
Schafstelze 152
Schelladler 88
Schellente 51
Schieferdrossel 244
Schilfrohrsänger 190
Schlagschwirl 244
Schlangenadler 87
Schleiereule 126
Schmarotzerraubmöwe 116
Schmutzgeier 242
Schnatterente 41
Schneeammer 241
Schneesperling 222
Schreiadler 242
Schwalbenmöwe 243
Schwanzmeise 194
Schwarzflügelbrachschwalbe 243
Schwarzhalstaucher 62
Schwarzkehlchen 167
Schwarzkopfmöwe 116

Schwarzkopfruderente 55
Schwarzmilan 75
Schwarzschnabelsturmtaucher 242
Schwarzspecht 139
Schwarzstirnwürger 244
Schwarzstorch 73
Seeadler 87
Seeregenpfeifer 106
Seggenrohrsänger 190
Seidenreiher 66
Seidensänger 189
Seidenschwanz 160
Sichelstrandläufer 108
Sichler 242
Silbermöwe 117
Silberreiher 67
Singdrossel 174
Singschwan 35
Skua 243
Sommergoldhähnchen 188
Spatelraubmöwe 243
Sperber 80
Sperbereule 243
Sperbergrasmücke 191
Sperlingskauz 130
Spiessente 44
Spornammer 244
Spornpieper 244
Sprosser 244
Star 218
Steinadler 82
Steinhuhn 58
Steinkauz 130
Steinrötel 169
Steinschmätzer 168
Steinsperling 244
Steinwälzer 110
Stelzenläufer 105
Steppenflughuhn 243
Steppenkiebitz 243
Steppenkragentrappe 242
Steppenmöwe 117
Steppenweihe 242
Sterntaucher 70
Stockente 43
Strassentaube 120
Stummellerche 243
Sturmmöwe 112
Sturmschwalbe 242
Sumpfläufer 243
Sumpfmeise 195
Sumpfohreule 131
Sumpfrohrsänger 178
Tafelente 48
Taigabirkenzeisig 244
Tannenhäher 211
Tannenmeise 198
Teichhuhn 90
Teichrohrsänger 177
Teichwasserläufer 110
Temminckstrandläufer 108
Terekwasserläufer 243
Thorshühnchen 243
Trauerente 54
Trauerschnäpper 193
Trauerseeschwalbe 115
Triel 105

Trottellumme 243
Tüpfelsumpfhuhn 104
Türkentaube 123
Turmfalke 84
Turteltaube 124
Uferschnepfe 108
Uferschwalbe 145
Uhu 127
Wacholderdrossel 173
Wachtel 59
Wachtelkönig 104
Waldammer 244
Waldbaumläufer 203
Waldkauz 128
Waldlaubsänger 184
Waldohreule 129
Waldpieper 244
Waldschnepfe 97
Waldwasserläufer 101
Wanderfalke 86
Wasseramsel 155
Wasserralle 89
Weissbartgrasmücke 191
Weissbartseeschwalbe 119
Weissbürzelstrandläufer 243
Weissflügellerche 243
Weissflügelseeschwalbe 119
Weisskehlsänger 244
Weisskopfruderente 242
Weissrückenspecht 143
Weissstorch 69
Weisswangengans 242
Wellenläufer 242
Wendehals 136
Wespenbussard 74
Wiedehopf 135
Wiesenpieper 150
Wiesenweihe 87
Wintergoldhähnchen 187
Wüstengimpel 244
Wüstensteinschmätzer 244
Zaunammer 237
Zaunkönig 156
Ziegenmelker 131
Zilpzalp 185
Zippammer 238
Zitronengirlitz 227
Zitronenstelze 244
Zwergadler 242
Zwergammer 244
Zwergdommel 64
Zwerggans 242
Zwergmöwe 116
Zwergohreule 130
Zwergsäger 55
Zwergscharbe 242
Zwergschnäpper 244
Zwergschnepfe 108
Zwergschwan 53
Zwergseeschwalbe 119
Zwergstrandläufer 107
Zwergsumpfhuhn 242
Zwergtaucher 60
Zwergtrappe 242

▶ Index français

Accenteur alpin 158
Accenteur mouchet 157
Agrobate roux 244
Aigle botté 242
Aigle criard 88
Aigle pomarin 242
Aigle royal 82
Aigrette garzette 66
Alouette calandre 243
Alouette calandrelle 159
Alouette des champs 144
Alouette haussecol 243
Alouette leucoptère 243
Alouette lulu 159
Alouette pispolette 243
Autour des palombes 79
Avocette élégante 105
Balbuzard pêcheur 83
Barge à queue noire 108
Barge rousse 109
Bécasse des bois 97
Bécasseau cocorli 108
Bécasseau de Bonaparte 243
Bécasseau de Temminck 108
Bécasseau falcinelle 243
Bécasseau maubèche 107
Bécasseau minute 107
Bécasseau rousset 243
Bécasseau sanderling 107
Bécasseau tacheté 243
Bécasseau variable 94
Bécasseau violet 243
Bécassine des marais 96
Bécassine double 243
Bécassine sourde 108
Bec-croisé des sapins 233
Bergeronnette citrine 244
Bergeronnette des ruisseaux 153
Bergeronnette grise 154
Bergeronnette printanière 152
Bernache à cou roux 242
Bernache cravant 242
Bernache nonnette 242
Bihoreau gris 65
Blongios nain 64
Bondrée apivore 74
Bouscarle de Cetti 189
Bouvreuil pivoine 234
Bruant à calotte blanche 244
Bruant des neiges 241
Bruant des roseaux 239
Bruant fou 238
Bruant jaune 236
Bruant lapon 244
Bruant mélanocéphale 244
Bruant nain 244
Bruant ortolan 241
Bruant proyer 240
Bruant rustique 244
Bruant zizi 237
Busard cendré 87
Busard des roseaux 78
Busard pâle 242
Busard Saint-Martin 87
Buse féroce 242
Buse pattue 242
Buse variable 81

Butor étoilé 72
Caille des blés 59
Canard chipeau 41
Canard colvert 43
Canard mandarin 39
Canard pilet 44
Canard siffleur 40
Canard souchet 46
Cassenoix moucheté 211
Chardonneret élégant 229
Chevalier aboyeur 100
Chevalier arlequin 109
Chevalier bargette 243
Chevalier culblanc 101
Chevalier gambette 99
Chevalier grivelé 243
Chevalier guignette 103
Chevalier stagnatile 110
Chevalier sylvain 102
Chevêche d'Athéna 130
Chevêchette d'Europe 130
Chocard à bec jaune 212
Choucas des tours 214
Chouette de Tengmalm 131
Chouette épervière 243
Chouette hulotte 128
Cigogne blanche 69
Cigogne noire 73
Cincle plongeur 155
Circaète Jean-le-Blanc 87
Cisticole des joncs 244
Cochevis huppé 243
Combattant varié 95
Cormoran huppé 242
Cormoran pygmée 242
Corneille mantelée 216
Corneille noire 216
Coucou geai 243
Coucou gris 125
Courlis à bec grêle 243
Courlis cendré 98
Courlis corlieu 109
Courvite isabelle 243
Crabier chevelu 72
Crave à bec rouge 213
Cygne chanteur 35
Cygne de Bewick 53
Cygne tuberculé 34
Durbec des sapins 244
Echasse blanche 105
Effraie des clochers 126
Eider à duvet 50
Elanion blanc 242
Engoulevent d'Europe 131
Epervier d'Europe 80
Erismature à tête blanche 242
Erismature rousse 55
Etourneau roselin 244
Etourneau sansonnet 218
Faisan de Colchide 59
Faucon crécerelle 84
Faucon crécerellette 242
Faucon émerillon 88
Faucon gerfaut 242
Faucon hobereau 85
Faucon kobez 88

Faucon pèlerin 86
Fauvette à lunettes 244
Fauvette à tête noire 179
Fauvette babillarde 181
Fauvette des jardins 180
Fauvette épervière 191
Fauvette grisette 182
Fauvette mélanocéphale 244
Fauvette orphée 244
Fauvette passerinette 191
Fauvette pitchou 244
Flamant rose 242
Fou de Bassan 242
Foulque macroule 91
Fuligule à bec cerclé 242
Fuligule milouin 48
Fuligule milouinan 54
Fuligule morillon 49
Fuligule nyroca 54
Gallinule poule-d'eau 90
Garrot à œil d'or 51
Geai des chênes 209
Gélinotte des bois 58
Glaréole à ailes noires 243
Glaréole à collier 243
Gobemouche à collier 207
Gobemouche gris 192
Gobemouche nain 244
Gobemouche noir 193
Goéland argenté 117
Goéland bourgmestre 243
Goéland brun 117
Goéland cendré 112
Goéland d'Audouin 243
Goéland leucophée 113
Goéland marin 111
Goéland pontique 117
Goéland railleur 243
Gorgebleue à miroir 163
Grand Corbeau 217
Grand Cormoran 63
Grand Gravelot 106
Grand Labbe 243
Grand Tétras 58
Grand-duc d'Europe 127
Grande Aigrette 67
Gravelot à collier interrompu 106
Gravelot kildir 243
Grèbe à cou noir 62
Grèbe castagneux 60
Grèbe esclavon 71
Grèbe huppé 61
Grèbe jougris 71
Grimpereau des bois 203
Grimpereau des jardins 204
Grive de Sibérie 244
Grive draine 176
Grive litorne 173
Grive mauvis 175
Grive musicienne 174
Grosbec casse-noyaux 235
Grue cendrée 104
Guêpier d'Europe 142
Guifette leucoptère 119
Guifette moustac 119
Guifette noire 115
Guillemot à long bec 243

247

Guillemot de Troïl 243
Gypaète barbu 77
Harelde boréale 54
Harle bièvre 52
Harle huppé 55
Harle piette 55
Héron cendré 68
Héron garde-bœufs 72
Héron pourpré 73
Hibou des marais 131
Hibou moyen-duc 129
Hirondelle de fenêtre 148
Hirondelle de rivage 145
Hirondelle de rochers 146
Hirondelle rousseline 244
Hirondelle rustique 147
Huîtrier pie 105
Huppe fasciée 135
Hypolaïs bottée 244
Hypolaïs ictérine 191
Hypolaïs polyglotte 191
Ibis falcinelle 242
Iranie à gorge blanche 244
Jaseur boréal 160
Labbe à longue queue 243
Labbe parasite 116
Labbe pomarin 243
Lagopède alpin 56
Linotte à bec jaune 244
Linotte mélodieuse 231
Locustelle fluviatile 244
Locustelle luscinioïde 189
Locustelle tachetée 189
Loriot d'Europe 206
Lusciniole à moustaches 244
Macreuse brune 55
Macreuse noire 54
Marouette de Baillon 242
Marouette ponctuée 104
Marouette poussin 104
Martinet à ventre blanc 132
Martinet noir 133
Martinet pâle 142
Martin-pêcheur d'Europe 134
Merle à plastron 171
Merle noir 172
Mésange à longue queue 194
Mésange bleue 199
Mésange boréale 196
Mésange charbonnière 200
Mésange huppée 197
Mésange noire 198
Mésange nonnette 195
Milan noir 75
Milan royal 76
Moineau cisalpin 220
Moineau domestique 219
Moineau friquet 221
Moineau soulcie 244
Monticole bleu 170
Monticole de roche 169
Mouette atricille 243
Mouette de Franklin 243
Mouette de Sabine 243
Mouette mélanocéphale 116
Mouette pygmée 116

Mouette rieuse 111
Mouette tridactyle 118
Niverolle alpine 222
Nette rousse 47
Océanite culblanc 242
Océanite de Castro 242
Océanite tempête 242
Œdicnème criard 105
Oie cendrée 36
Oie des moissons 53
Oie naine 242
Oie rieuse 53
Outarde barbue 242
Outarde canepetière 242
Outarde de Macqueen 242
Outarde houbara 242
Panure à moustaches 207
Pélican blanc 242
Perdrix bartavelle 58
Perdrix grise 59
Perdrix rouge 242
Petit Gravelot 92
Petit-duc scops 130
Phalarope à bec étroit 110
Phalarope à bec large 243
Phragmite aquatique 190
Phragmite des joncs 190
Pic à dos blanc 143
Pic cendré 137
Pic épeiche 140
Pic épeichette 141
Pic mar 142
Pic noir 139
Pic tridactyle 143
Pic vert 138
Pie bavarde 210
Pie-grièche à poitrine rose 244
Pie-grièche à tête rousse 223
Pie-grièche écorcheur 208
Pie-grièche grise 223
Pie-grièche isabelle 244
Pigeon biset domestique 120
Pigeon colombin 121
Pigeon ramier 122
Pinson des arbres 224
Pinson du Nord 225
Pipit à dos olive 244
Pipit à gorge rousse 150
Pipit de Richard 244
Pipit des arbres 149
Pipit farlouse 150
Pipit rousseline 159
Pipit spioncelle 151
Plongeon à bec blanc 242
Plongeon arctique 70
Plongeon catmarin 70
Plongeon imbrin 70
Pluvier argenté 107
Pluvier doré 106
Pluvier fauve 243
Pluvier guignard 106
Pouillot à grands sourcils 244
Pouillot brun 244
Pouillot de Bonelli 183
Pouillot de Schwarz 244
Pouillot fitis 186
Pouillot siffleur 184

Pouillot véloce 185
Puffin cendré 242
Puffin des Anglais 242
Puffin fuligineux 242
Puffin yelkouan 242
Pygargue à queue blanche 87
Râle d'eau 89
Râle des genêts 104
Rémiz penduline 205
Roitelet à triple bandeau 188
Roitelet huppé 187
Rollier d'Europe 243
Roselin cramoisi 241
Roselin githagine 244
Rossignol philomèle 162
Rossignol progné 244
Rougegorge familier 161
Rougequeue à front blanc 165
Rougequeue noir 164
Rousserolle des buissons 244
Rousserolle effarvatte 177
Rousserolle isabelle 244
Rousserolle turdoïde 190
Rousserolle verderolle 178
Sarcelle à ailes bleues 242
Sarcelle à ailes vertes 242
Sarcelle d'été 45
Sarcelle d'hiver 42
Serin cini 226
Sittelle torchepot 201
Sizerin cabaret 232
Sizerin flammé 244
Spatule blanche 73
Sterne arctique 119
Sterne caspienne 118
Sterne caugek 118
Sterne de Dougall 243
Sterne hansel 118
Sterne naine 119
Sterne pierregarin 114
Sterne voyageuse 243
Syrrhapte paradoxal 243
Tadorne casarca 37
Tadorne de Belon 38
Tarier des prés 166
Tarier pâtre 167
Tarin des aulnes 230
Tétras lyre 57
Tichodrome échelette 202
Torcol fourmilier 136
Tournepierre à collier 110
Tourterelle des bois 124
Tourterelle turque 123
Traquet du désert 244
Traquet motteux 168
Traquet oreillard 244
Troglodyte mignon 156
Vanneau huppé 93
Vanneau sociable 243
Vautour fauve 242
Vautour moine 242
Vautour percnoptère 242
Venturon montagnard 227
Verdier d'Europe 228

Index italiano

Airone bianco maggiore 67
Airone cenerino 68
Airone guardabuoi 72
Airone rosso 73
Albanella minore 87
Albanella pallida 242
Albanella reale 87
Albastrello 110
Allocco 128
Allodola 144
Allodola golagialla 243
Alzavola 42
Alzavola americana 242
Anatra mandarina 39
Aquila anatraia maggiore 88
Aquila anatraia minore 242
Aquila di mare 87
Aquila minore 242
Aquila reale 82
Assiolo 130
Astore 79
Averla capirossa 223
Averla cenerina 244
Averla isabellina 244
Averla maggiore 223
Averla piccola 208
Avocetta 105
Avvoltoio monaco 242
Balestruccio 148
Balia dal collare 207
Balia nera 193
Ballerina bianca 154
Ballerina gialla 153
Barbagianni 126
Basettino 207
Beccaccia 97
Beccaccia di mare 105
Beccaccino 96
Beccafico 180
Beccamoschino 244
Beccapesci 118
Beccofrusone 160
Berta grigia 242
Berta maggiore 242
Berta minore atlantica 242
Berta minore mediterranea 242
Biancone 87
Bigia grossa 244
Bigia padovana 191
Bigiarella 181
Calandra 243
Calandra siberiana 243
Calandrella 159
Calandrina 243
Calandro 159
Calandro maggiore 244
Canapiglia 41
Canapino asiatico 244
Canapino comune 191
Canapino maggiore 191
Cannaiola comune 177
Cannaiola di Blyth 244
Cannaiola di Jerdon 244
Cannaiola verdognola 178
Cannareccione 190
Capinera 179
Capovaccaio 242

Cappellaccia 243
Cardellino 229
Casarca 37
Cavaliere d'Italia 105
Cesena 173
Chiurlo maggiore 98
Chiurlo piccolo 109
Chiurlottello 243
Cicogna bianca 69
Cicogna nera 73
Cigno minore 53
Cigno reale 34
Cigno selvatico 35
Cincia alpestre 196
Cincia bigia 195
Cincia dal ciuffo 197
Cincia mora 198
Cinciallegra 200
Cinciarella 199
Ciuffolotto 234
Ciuffolotto delle pinete 244
Ciuffolotto scarlatto 241
Civetta 130
Civetta capogrosso 131
Civetta nana 130
Codibugnolo 194
Codirosso comune 165
Codirosso spazzacamino 164
Codirossone 169
Codone 44
Colombaccio 122
Colombella 121
Combattente 95
Cormorano 63
Cornacchia grigia 216
Cornacchia nera 216
Corriere americano 243
Corriere grosso 106
Corriere piccolo 92
Corrione biondo 243
Corvo comune 215
Corvo imperiale 217
Coturnice 58
Croccolone 243
Crociere 233
Cuculo 125
Cuculo dal ciuffo 243
Culbianco 168
Cutrettola 152
Cutrettola testagialla orientale 244
Edredone 50
Fagiano comune 59
Fagiano di monte 57
Falaropo beccolargo 243
Falaropo beccosottile 110
Falco cuculo 88
Falco di palude 78
Falco pecchiaiolo 74
Falco pellegrino 86
Falco pescatore 83
Fanello 85
Fanello nordico 244
Fenicottero 242
Fiorrancino 188
Fischione 40
Fistione turco 47
Folaga 91

Forapaglie castagnolo 244
Forapaglie comune 190
Forapaglie macchiettato 189
Francolino di monte 58
Fraticello 119
Fratino 106
Fringuello 224
Fringuello alpino 222
Frosone 235
Frullino 108
Gabbianello 116
Gabbiano comune 111
Gabbiano corallino 116
Gabbiano corso 243
Gabbiano di Franklin 243
Gabbiano di Sabine 243
Gabbiano eburneo 243
Gabbiano glauco 243
Gabbiano reale 113
Gabbiano reale nordico 117
Gabbiano reale pontico 117
Gabbiano roseo 243
Gabbiano sghignazzante 243
Gabbiano tridattilo 118
Gallina prataiola 242
Gallinella d'acqua 90
Gallo cedrone 58
Gambecchio comune 107
Gambecchio di Bonaparte 243
Gambecchio frullino 243
Gambecchio nano 108
Garzetta 66
Gavina 112
Gazza 210
Germano reale 43
Gheppio 84
Ghiandaia 209
Ghiandaia marina 243
Gipeto 77
Girfalco 242
Gobbo della Giamaica 55
Gobbo rugginoso 242
Gracchio alpino 212
Gracchio corallino 213
Grifone 242
Grillaio 242
Gru 104
Gruccione 142
Gufo comune 129
Gufo di palude 131
Gufo reale 127
Labbo 116
Labbo codalunga 243
Locustella fluviatile 244
Lodolaio 85
Lucherino 230
Lui bianco 183
Lui di Radde 244
Lui forestiero 244
Lui grosso 186
Lui piccolo 185
Lui scuro 244
Lui verde 184
Magnanina comune 244
Marangone dal ciuffo 242
Marangone minore 242
Martin pescatore 134

249

Marzaiola 45
Marzaiola americana 242
Merlo 172
Merlo acquaiolo 155
Merlo dal collare 171
Mestolone 46
Migliarino di palude 239
Mignattaio 242
Mignattino alibianche 119
Mignattino comune 115
Mignattino piombato 119
Monachella 83
Monachella del deserto 244
Moretta 49
Moretta codona 54
Moretta dal collare 242
Moretta grigia 54
Moretta tabaccata 54
Moriglione 48
Mugnaiaccio 117
Nibbio bianco 242
Nibbio bruno 75
Nibbio reale 76
Nitticora 65
Nocciolaia 211
Oca collorosso 242
Oca colombaccio 242
Oca facciabianca 242
Oca granaiola 53
Oca lombardella 53
Oca lombardella minore 242
Oca selvatica 36
Occhiocotto 244
Occhione 105
Orchetto marino 54
Orco marino 55
Organetto minore 232
Organetto nordico 244
Ortolano 241
Otarda 242
Pagliarolo 190
Pantana 100
Passera d'Italia 220
Passera europea 219
Passera lagia 244
Passera mattugia 221
Passera scopaiola 157
Passero solitario 170
Pavoncella 93
Pavoncella gregaria 243
Pellicano comune 242
Pendolino 205
Peppola 225
Pernice bianca 56
Pernice di mare 243
Pernice di mare orientale 243
Pernice rossa 242
Pesciaiola 55
Pettazzurro 163
Pettegola 99
Pettirosso 161
Pettirosso golabianca 244
Picchio cenerino 137
Picchio dorsobianco 143
Picchio muraiolo 202
Picchio muratore 201
Picchio nero 139

Picchio rosso maggiore 140
Picchio rosso mezzano 142
Picchio rosso minore 141
Picchio tridattilo 143
Picchio verde 138
Piccione torraiolo 120
Pigliamosche 192
Pigliamosche pettirosso 244
Piovanello comune 108
Piovanello maggiore 107
Piovanello pancierana 94
Piovanello pettorale 243
Piovanello tridattilo 107
Piovanello violetto 243
Piro piro boschereccio 102
Piro piro culbianco 101
Piro piro del Terek 243
Piro piro fulvo 243
Piro piro macchiato 243
Piro piro piccolo 103
Pispola 150
Pispola golarossa 160
Pittima minore 109
Pittima reale 108
Piviere dorato 106
Piviere orientale 243
Piviere tortolino 106
Pivieressa 107
Poiana 81
Poiana calzata 242
Poiana codabianca 242
Porciglione 89
Prispolone 149
Prispolone indiano 244
Quaglia comune 59
Quattrocchi 51
Rampichino alpestre 203
Rampichino comune 204
Re di quaglie 104
Regolo 187
Rigogolo 206
Rondine 147
Rondine montana 146
Rondine rossiccia 244
Rondone comune 133
Rondone maggiore 132
Rondone pallido 142
Salciaiola 189
Saltimpalo 167
Schiribilla 104
Schiribilla grigiata 242
Scricciolo 156
Sgarza ciuffetto 72
Sirratte 243
Smergo maggiore 52
Smergo minore 55
Smeriglio 88
Sordone 158
Sparviere 80
Spatola 73
Spioncello 151
Starna 59
Stercorario maggiore 243
Stercorario mezzano 243
Sterna codalunga 119
Sterna comune 114
Sterna di Dougall 243

Sterna di Rüppell 243
Sterna maggiore 118
Sterna zampenere 118
Sterpazzola 182
Sterpazzola della Sardegna 244
Sterpazzolina 191
Stiaccino 166
Storno 218
Storno roseo 244
Strillozzo 240
Strolaga beccogiallo 242
Strolaga maggiore 70
Strolaga mezzana 70
Strolaga minore 70
Succiacapre 131
Sula 242
Svasso collorosso 71
Svasso cornuto 71
Svasso maggiore 61
Svasso piccolo 62
Taccola 214
Tarabusino 64
Tarabuso 72
Topino 145
Torcicollo 136
Tordela 176
Tordo siberiano 244
Tordo bottaccio 174
Tordo sassello 175
Tortora dal collare 123
Tortora selvatica 124
Totano moro 109
Tottavilla 159
Trombettiere 244
Tuffetto 60
Ubara africana 242
Ubara asiatica 242
Uccello delle tempeste 242
Uccello delle tempeste codaforcuta 242
Uccello delle tempeste di Castro 242
Ulula 243
Upupa 135
Uria 243
Urietta beccolungo 243
Usignolo 162
Usignolo d'Africa 244
Usignolo di fiume 189
Usignolo maggiore 244
Venturone alpino 227
Verdone 228
Verzellino 226
Volpoca 38
Voltapietre 110
Voltolino 104
Zafferano 117
Zigolo boschereccio 244
Zigolo capinero 244
Zigolo della Lapponia 244
Zigolo delle nevi 241
Zigolo giallo 236
Zigolo golarossa 244
Zigolo minore 244
Zigolo muciatto 238
Zigolo nero 237

▶ Index rumantsch

alc dal bec lung 243
anda baterlunza 41
anda blaua 242
anda cotschna 47
anda crecca 42
anda crecca americana 242
anda da glatsch 54
anda da la blassa 40
anda da la palutta 46
anda da mars 45
anda da muntogna 54
anda da pali 54
anda da vali 55
anda dal bec a cularin 242
anda faschada 38
anda fustga 48
anda gizza 44
anda loma 50
anda mandarina 39
anda mora 49
anda naira 54
anda selvadia 43
anda sprezia dal chau alv 242
anda sprezia dal chau nair 55
anda stgella 51
auca cotschna 37
auca da graun 53
auca da la blassa 53
auca dal cularin 242
auca dal culiez cotschen 242
auca grischa 36
auca mungia 242
auca pitschna 242
austrel 105
ballacua citronella 244
ballacua da muntogna 153
ballacua da pastgira 152
ballacua grischa 154
becassa 97
becassina da pali 96
becassina da riva 108
becassina da ruina 109
becassina dubla 243
becassina pitschna 108
bec-gross da guaud 244
beffarel da curtin 191
beffarel poliglot 191
beffegiader asiatic 244
brunella da chaglia 157
brunella da muntogna 158
burbin 105
carmesin 241
channarel barbet 244
channarel da chaglia 244
channarel da champagna 244
channarel da channa 190
channarel da charetsch 190
channarel da flum 189
channarel da la cua lada 244
channarel da pali 178
channarel da puz 177
channarel grond 190
chanvalin 231
chanvalin da muntogna 244
chardelin 229
chavret 131
cicogna alva 69

cicogna naira 73
cign dumesti 34
cign pitschen 53
cign selvadi 35
citronel 227
columba da chasa 120
columba tirca 123
columbella 121
cormoran 63
cormoran da la cresta 242
cormoran pitschen 242
corv champester 215
corv grond 217
corv grisch 216
corv nair 216
corvagl 213
cot da matg 135
cratschla 211
crivel 84
crivel pitschen 242
cruscharel 233
cuacotschna da chasa 164
cuacotschna d'iert 165
cucu 125
cucu taclà 243
curatscha blaua 243
curnagl 212
currider 243
droppa asiatica 242
droppa dal culier 242
droppa gronda 242
droppa pitschna 242
evla (da la pizza) 82
evla alva 87
evla da mar 87
evla da peschs 83
evla pitschna 242
evla-stgella gronda 88
evla-stgella pitschna 242
falcun da feglia 85
falcun dal nord 242
falcun merlin 88
falcun pelegrin 86
falcun vespertin 88
fasan 59
fegliarel da guaud 184
fegliarel da muntogna 183
fegliarel da salesch 185
fegliarel da Schwarz 185
fegliarel da tscheglias 244
fegliarel musicant 186
fegliarel stgir 244
filomela 174
flamingo rosa 242
fliaun dal bec satigl 243
fliaun grond 98
fliaun pitschen 109
fringhel 224
fringhel dal nord 225
frisun 160
fulca 91
fustgetta barbet 191
fustgetta baterlunza 181
fustgetta da feglia 180
fustgetta da la Provence 244
fustgetta da spinatsch 182
fustgetta dal chapitsch 179

fustgetta dal chau nair 244
fustgetta dals egliers 244
fustgetta gronda 244
fustgetta sdrimada 191
gambun grond 105
gambun pitschen 105
giaglina da draussa 57
giaglina da guaud 58
giaglina da taus 58
giaglina da tundra 243
giazla 210
girun alv 67
girun dal pe lung 242
girun dal pe pailus 242
girun da mieurs 81
glariel da l'ala cotschna 243
glariel da l'ala naira 243
gravarel brin 106
gravarel canerus 243
gravarel da la riva 106
gravarel d'argient 107
gravarel dorà 106
gravarel dorà oriental 243
gravarel grond 106
gravarel pitschen 92
gru grisch 104
ibis dal bec plat 73
ibis dal bec tort 242
irun alv 67
irun brin 72
irun bultg 72
irun cotschen 73
irun da saida 66
irun grisch 68
irun stgarvunvà 65
lodola calandra 243
lodola da la cresta 243
lodola da la detta curta nanina 243
lodola da l'ala alva 243
lodola da la detta curta 159
lodola da pastgira 159
lodola da prada 144
lodola puppenmellen 243
luschaina 162
luschaina da l'Africa 244
luschaina dal nord 244
maglia-avieuls 142
marel grond 52
marel mesaun 55
marel pitschen 55
marena da chanella 238
marena da curtin 241
marena da guaud 244
marena da naiv 241
marena da pali 239
marena da pign 244
marena da vigna 237
marena dal chau nair 244
marena dal nord 244
marena d'aua 236
marena grischa 240
marena pitschna 244
maset barbet 207
maset blau 199
maset da guaud 198
maset da la cresta 197
maset da muntogna 196

maset da pali 195
maset grond 200
melv da channa 78
melv da graun 87
melv da prada 87
melv sblatg 242
merl blau 170
merl da gonda 169
merl da l'aua 155
merlotscha 172
milan cotschen 76
milan da las alas nairas 242
milan stgir 75
muetta caspica 117
muetta da Franklin 243
muetta da la cua lunga 243
muetta da mar 117
muetta da tschendra 112
muetta dal bec satigl 243
muetta dal chau nair 116
muetta d'argient 117
muetta d'argient mediterrana 113
muetta d'Audouin 243
muetta d'ivur 243
muetta fustga 117
muetta gronda 243
muetta mesauna 243
muetta parasita 116
muetta pitschna 116
muetta randulina 243
muetta rienta 111
muetta sghignanta 243
muetta traidet 118
muetta verda 243
pasler da chasa 219
pasler da grip 244
pasler da prada 221
pasler talian 220
pelican rosa 242
pendulina 205
pernisch (grischa) 59
pernisch cotschna 242
pernisch da gonda 58
pestgaderin 134
pestgarel alv 119
pestgarel arctic 119
pestgarel bengal 243
pestgarel caspic 118
pestgarel chomma naira 118
pestgarel da flum 114
pestgarel da Dougall 243
pestgarel grisch 119
pestgarel nair 115
pestgarel piclapeschs 118
pestgarel pitschen 119
pirol 206
pitgacrap dal desert 244
pitgacrap grisch 168
pitgacrap mediterran 244
pitgalain grisch 137
pitgalain grond 140
pitgalain mesaun 142
pitgalain nair 139
pitgalain pitschen 141
pitgalain strivla 143
pitgalain traidet 143
pitgalain verd 138

pitgarel 201
pitgascorsa d'iert 204
pitgascorsa da guaud 203
pitgaspina brin 208
pitgaspina dal chau cotschen 223
pitgaspina grisch 223
pitgaspina isabellin 244
pitgaspina stgarvunà 244
pitrel da tempesta 242
piv (grond) 127
piv da pali 131
piv mesaun 129
piv nanin 130
piv sdrimà 243
pivet cotschni 159
pivet da guaud 244
pivet da muntogna 151
pivet da plantas 149
pivet da prada 150
pivet gulacotschna 160
pivet novzelandais 244
poleschet 156
prelat 234
pulsauna da l'aua 90
pulsauna da pali 104
pulsauna nanina 92
pulsauna pitschna 104
puppenblau 163
puppenbrin 166
puppencotschen 161
puppencotschen gul'alva 244
puppennair 167
quacra 59
quaglia 104
ralla da l'aua 89
randulina clera 147
randulina cotschnida 244
randulina da crap 146
randulina da riva 145
randulina stgira 147
randurel fustg 142
randurel grond 132
randurel pitschen 133
retgottel da stad 188
retgottel d'enviern 187
rivarel alpin 94
rivarel curt 243
rivarel d'undas da Madeira 242
rivarel dal bec lad 243
rivarel dal bec tort 108
rivarel dal tgil alv 243
rivarel d'undas 242
rivarel fin 110
rivarel grisch 107
rivarel lutgader 95
rivarel mascrà 110
rivarel nanin 107
rivarel pitschen 108
rivarel puppencotschnent 243
rivarel puppengrisch 243
rivarel sabluner 107
rivarel violet 243
rivauna cumin 103
rivauna taclà 243
sbrinzlina 194
scroller da chaglia 189
scroller da flum 244

scroller da pali 189
serin 226
sfunsella da glatsch 70
sfunsella da glatsch dal bec mellen 242
sfunsella de la cresta 61
sfunsella grischa 71
sfunsella naira 62
sfunsella nanina 60
sfunsella pailusa 71
sfunsella polara 70
sfunsella stailada 70
sgnappamustgas dal cularin 207
sgnappamustgas grisch 192
sgnappamustgas nair 193
sgnappamustgas pitschen 244
sgraflin 202
sgragia 209
smatget 235
sprer (pitschen) 80
sprer grond 79
squinz 222
sturnel 218
sturnel rosa 244
sula 242
tarbegl grond 72
tarbegl pitschen 64
tempestella dal bec mellen 242
tempestella dal bec nair 242
tempestella grischa 242
tempestella mediterrana 242
tidun 214
trintga cotschna 99
trintga da guaud 101
trintga da pali 102
trintga da puz 110
trintga da Terek 243
trintga naira 109
trintga verda 100
trumbettist 244
tschess barbet 77
tschess cularin 242
tschess dal chapitsch 242
tschess egipzian 242
tschuetta (da guaud) 128
tschuetta da la mort 130
tschuetta dal pe pailus 131
tschuetta velada 126
tschuetta nanina 130
tulaun 214
tursch cotschen 175
tursch da la Sibiria 244
tursch dal cularin 171
tursch giagl 173
tursch perniclà 176
turturella 124
urblauna 56
vanel 93
vanel da rotscha 243
verdaun 228
volvachau 136
vriel 243
zaisch da laresch alpin 232
zaisch da laresch nordic 244
zaisch d'ogna 230

252

▶ Index English

Alpine Accentor 158
Alpine Chough 212
Alpine Swift 132
Aquatic Warbler 190
Arctic Tern 119
Audouin's Gull 243
Baillon's Crake 242
Band-rumped Storm Petrel 242
Barn Owl 126
Barn Swallow 147
Barnacle Goose 242
Barred Warbler 191
Bar-tailed Godwit 109
Bean Goose 53
Bearded Reedling 207
Bearded Vulture 77
Black Grouse 57
Black Kite 75
Black Redstart 164
Black Scoter 54
Black Stork 73
Black Tern 115
Black Woodpecker 139
Black-crowned Night Heron 65
Black-eared Wheatear 244
Black-headed Bunting 244
Black-legged Kittiwake 118
Black-necked Grebe 62
Black-tailed Godwit 108
Black-throated Loon 70
Black-winged Kite 242
Black-winged Pratincole 243
Black-winged Stilt 105
Blue Rock Thrush 170
Blue Tit 199
Bluethroat 163
Blue-winged Teal 242
Blyth's Reed Warbler 244
Bohemian Waxwing 160
Booted Eagle 242
Booted Warbler 244
Boreal Owl 131
Brambling 225
Brant Goose 242
Broad-billed Sandpiper 243
Buff-breasted Sandpiper 243
Calandra Lark 243
Carrion Crow 216
Caspian Gull 117
Caspian Tern 118
Cattle Egret 72
Cetti's Warbler 189
Cinereous Vulture 242
Cirl Bunting 237
Citril Finch 227
Citrine Wagtail 244
Coal Tit 198
Collared Flycatcher 207
Collared Pratincole 243
Common Blackbird 172
Common Black-headed Gull 111
Common Buzzard 81
Common Chaffinch 224
Common Chiffchaff 185
Common Crane 104
Common Cuckoo 125
Common Eider 50

Common Goldeneye 51
Common Grasshopper Warbler 189
Common Greenshank 100
Common House Martin 148
Common Kestrel 84
Common Kingfisher 134
Common Linnet 231
Common Merganser 52
Common Moorhen 90
Common Murre 243
Common Nightingale 162
Common Pheasant 59
Common Pochard 48
Common Quail 59
Common Redpoll 244
Common Redshank 99
Common Redstart 165
Common Reed Bunting 239
Common Ringed Plover 106
Common Rosefinch 241
Common Sandpiper 103
Common Shelduck 38
Common Snipe 96
Common Starling 218
Common Swift 133
Common Tern 114
Common Whitethroat 182
Common Wood Pigeon 122
Corn Bunting 240
Corn Crake 104
Cory's Shearwater 242
Cream-colored Courser 243
Crested Lark 243
Curlew Sandpiper 108
Dartford Warbler 244
Desert Wheatear 244
Dunlin 94
Dunnock 157
Dusky Warbler 244
Egyptian Vulture 242
Eurasian Bittern 72
Eurasian Blackcap 179
Eurasian Bullfinch 234
Eurasian Collared Dove 123
Eurasian Coot 91
Eurasian Crag Martin 146
Eurasian Curlew 98
Eurasian Dotterel 106
Eurasian Eagle-Owl 127
Eurasian Golden Oriole 206
Eurasian Hobby 85
Eurasian Hoopoe 135
Eurasian Jay 209
Eurasian Magpie 210
Eurasian Nuthatch 201
Eurasian Oystercatcher 105
Eurasian Penduline Tit 205
Eurasian Pygmy Owl 130
Eurasian Reed Warbler 177
Eurasian Scops Owl 130
Eurasian Siskin 230
Eurasian Skylark 144
Eurasian Sparrowhawk 80
Eurasian Spoonbill 73
Eurasian Stonechat 167
Eurasian Stone-curlew 105
Eurasian Teal 42

Eurasian Three-toed Woodpecker 143
Eurasian Tree Sparrow 221
Eurasian Treecreeper 203
Eurasian Wigeon 40
Eurasian Woodcock 97
Eurasian Wryneck 136
European Bee-eater 142
European Crested Tit 197
European Golden Plover 106
European Goldfinch 229
European Green Woodpecker 138
European Greenfinch 228
European Honey Buzzard 74
European Nightjar 131
European Pied Flycatcher 193
European Robin 161
European Roller 243
European Serin 226
European Shag 242
European Storm Petrel 242
European Turtle Dove 124
Feral Pigeon 120
Ferruginous Duck 54
Fieldfare 173
Firecrest 188
Franklin's Gull 243
Gadwall 41
Garden Warbler 180
Garganey 45
Glaucous Gull 243
Glossy Ibis 242
Goldcrest 187
Golden Eagle 82
Great Black-backed Gull 117
Great Bustard 242
Great Cormorant 63
Great Crested Grebe 61
Great Egret 67
Great Grey Shrike 223
Great Northern Loon 70
Great Reed Warbler 190
Great Skua 243
Great Snipe 243
Great Spotted Cuckoo 243
Great Spotted Woodpecker 140
Great Tit 200
Great White Pelican 242
Greater Flamingo 242
Greater Scaup 55
Greater Short-toed Lark 159
Greater Spotted Eagle 88
Greater White-fronted Goose 53
Green Sandpiper 101
Green-winged Teal 242
Grey Heron 68
Grey Partridge 59
Grey Plover 107
Grey Wagtail 153
Grey-headed Woodpecker 137
Greylag Goose 36
Griffon Vulture 242
Gull-billed Tern 118
Gyrfalcon 242
Hawfinch 235
Hazel Grouse 58
Herring Gull 117
Hooded Crow 216

253

Horned Grebe 71
Horned Lark 243
Houbara Bustard 242
House Sparrow 219
Icterine Warbler 191
Isabelline Shrike 244
Italian Sparrow 220
Ivory Gull 243
Jack Snipe 108
Kentish Plover 106
Killdeer 243
Lapland Longspur 244
Laughing Gull 243
Leach's Storm Petrel 242
Lesser Black-backed Gull 117
Lesser Crested Tern 243
Lesser Grey Shrike 244
Lesser Kestrel 242
Lesser Redpoll 232
Lesser Short-toed Lark 243
Lesser Spotted Eagle 242
Lesser Spotted Woodpecker 141
Lesser White-fronted Goose 242
Lesser Whitethroat 181
Little Bittern 64
Little Bunting 244
Little Bustard 242
Little Crake 104
Little Egret 66
Little Grebe 60
Little Gull 116
Little Owl 130
Little Ringed Plover 92
Little Stint 107
Little Tern 119
Long-billed Murrelet 243
Long-eared Owl 129
Long-legged Buzzard 242
Long-tailed Bushtit 194
Long-tailed Duck 54
Long-tailed Jaeger 243
Macqueen's Bustard 242
Mallard 43
Mandarin Duck 39
Manx Shearwater 242
Marsh Sandpiper 110
Marsh Tit 195
Marsh Warbler 178
Meadow Pipit 150
Mediterranean Gull 116
Melodious Warbler 191
Merlin 88
Mew Gull 112
Middle Spotted Woodpecker 142
Mistle Thrush 176
Montagu's Harrier 87
Moustached Warbler 244
Mute Swan 34
Northern Gannet 242
Northern Goshawk 79
Northern Harrier 87
Northern Hawk-Owl 243
Northern Lapwing 93
Northern Pintail 44
Northern Raven 217
Northern Shoveler 46
Northern Wheatear 168

Olive-backed Pipit 244
Orphean Warbler 244
Ortolan Bunting 241
Osprey 83
Pacific Golden Plover 243
Paddyfield Warbler 244
Pallas's Sandgrouse 243
Pallid Harrier 242
Pallid Swift 142
Parasitic Jaeger 116
Pectoral Sandpiper 243
Peregrine Falcon 86
Pied Avocet 105
Pine Bunting 244
Pine Grosbeak 244
Pomarine Skua 243
Purple Heron 73
Purple Sandpiper 243
Pygmy Cormorant 242
Radde's Warbler 244
Red Crossbill 233
Red Kite 76
Red Knot 107
Red Phalarope 243
Red-backed Shrike 208
Red-billed Chough 213
Red-breasted Flycatcher 244
Red-breasted Goose 242
Red-breasted Merganser 55
Red-crested Pochard 47
Red-footed Falcon 88
Red-legged Partridge 242
Red-necked Grebe 71
Red-necked Phalarope 110
Red-rumped Swallow 244
Red-throated Loon 70
Red-throated Pipit 160
Redwing 175
Richard's Pipit 244
Ring Ouzel 171
Ring-necked Duck 242
River Warbler 244
Rock Bunting 238
Rock Partridge 58
Rock Ptarmigan 56
Rock Sparrow 244
Rook 215
Roseate Tern 243
Rosy Starling 244
Roughleg 242
Ruddy Duck 55
Ruddy Shelduck 37
Ruddy Turnstone 110
Ruff 95
Rufous-tailed Rock Thrush 169
Rufous-tailed Scrub Robin 244
Rustic Bunting 244
Sabine's Gull 243
Sand Martin 145
Sandwich Tern 118
Sardinian Warbler 244
Savi's Warbler 189
Sedge Warbler 190
Short-eared Owl 131
Short-toed Snake Eagle 87
Short-toed Treecreeper 204

Siberian Thrush 244
Slender-billed Curlew 243
Slender-billed Gull 243
Smew 55
Snow Bunting 241
Sociable Lapwing 243
Song Thrush 174
Sooty Shearwater 242
Spectacled Warbler 244
Spotted Crake 104
Spotted Flycatcher 192
Spotted Nutcracker 211
Spotted Redshank 109
Spotted Sandpiper 243
Squacco Heron 72
Stock Dove 121
Subalpine Warbler 191
Tawny Owl 128
Tawny Pipit 159
Temminck's Stint 108
Terek Sandpiper 243
Thrush Nightingale 244
Tree Pipit 149
Trumpeter Finch 244
Tufted Duck 49
Tundra Swan 53
Twite 244
Velvet Scoter 55
Wallcreeper 202
Water Pipit 151
Water Rail 98
Western Bonelli's Warbler 183
Western Capercaillie 58
Western Jackdaw 214
Western Marsh Harrier 78
Western Yellow Wagtail 152
Whimbrel 109
Whinchat 166
Whiskered Tern 119
White Stork 69
White Wagtail 154
White-backed Woodpecker 143
White-headed Duck 242
White-rumped Sandpiper 243
White-tailed Eagle 87
White-throated Dipper 155
White-throated Robin 244
White-winged Lark 243
White-winged Snowfinch 222
White-winged Tern 119
Whooper Swan 35
Willow Tit 196
Willow Warbler 186
Winter Wren 156
Wood Sandpiper 102
Wood Warbler 184
Woodchat Shrike 223
Woodlark 159
Yelkouan Shearwater 242
Yellow-billed Loon 242
Yellow-browed Warbler 244
Yellow-legged Gull 113
Yellowhammer 236
Zitting Cisticola 244

▶ Index

Accipiter gentilis 79
Accipiter nisus 80
Acrocephalus agricola 244
Acrocephalus arundinaceus 190
Acrocephalus dumetorum 244
Acrocephalus melanopogon 244
Acrocephalus paludicola 190
Acrocephalus palustris 178
Acrocephalus schoenobaenus 190
Acrocephalus scirpaceus 177
Actitis hypoleucos 103
Actitis macularius 243
Aegithalos caudatus 194
Aegolius funereus 131
Aegypius monachus 242
Aix galericulata 39
Alauda arvensis 144
Alcedo atthis 134
Alectoris graeca 58
Alectoris rufa 242
Anas acuta 44
Anas carolinensis 242
Anas clypeata 46
Anas crecca 42
Anas discors 242
Anas penelope 40
Anas platyrhynchos 43
Anas querquedula 45
Anas strepera 41
Anser albifrons 53
Anser anser 36
Anser brachyrhynchus 242
Anser erythropus 242
Anser fabalis 53
Anthus campestris 159
Anthus cervinus 152
Anthus hodgsoni 244
Anthus pratensis 150
Anthus richardi 244
Anthus spinoletta 151
Anthus trivialis 149
Apus apus 133
Apus melba 132
Apus pallidus 142
Aquila chrysaetos 82
Aquila clanga 88
Aquila pomarina 242
Ardea cinerea 68
Ardea purpurea 73
Ardeola ralloides 72
Arenaria interpres 110
Asio flammeus 131
Asio otus 129
Athene noctua 130
Aythya collaris 242
Aythya ferina 48
Aythya fuligula 49
Aythya marila 54
Aythya nyroca 54
Bombycilla garrulus 160
Bonasa bonasia 58
Botaurus stellaris 72
Brachyramphus perdix 243
Branta bernicla 242
Branta leucopsis 242
Branta ruficollis 242
Bubo bubo 127

Bubulcus ibis 72
Bucanetes githagineus 244
Bucephala clangula 51
Burhinus oedicnemus 105
Buteo buteo 81
Buteo lagopus 242
Buteo rufinus 242
Calandrella brachydactyla 159
Calandrella rufescens 243
Calcarius lapponicus 244
Calidris alba 107
Calidris alpina 94
Calidris canutus 107
Calidris ferruginea 108
Calidris fuscicollis 243
Calidris maritima 243
Calidris melanotos 243
Calidris minuta 107
Calidris temminckii 108
Calonectris diomedea 242
Caprimulgus europaeus 131
Carduelis cabaret 232
Carduelis cannabina 231
Carduelis carduelis 229
Carduelis chloris 228
Carduelis flammea 244
Carduelis flavirostris 244
Carduelis spinus 230
Carpodacus erythrinus 241
Cercotrichas galactotes 244
Certhia brachydactyla 204
Certhia familiaris 203
Cettia cetti 189
Charadrius alexandrinus 106
Charadrius dubius 92
Charadrius hiaticula 106
Charadrius morinellus 106
Charadrius vociferus 243
Chlamydotis macqueenii 242
Chlamydotis undulata 242
Chlidonias hybrida 119
Chlidonias leucopterus 119
Chlidonias niger 115
Ciconia ciconia 69
Ciconia nigra 73
Cinclus cinclus 155
Circaetus gallicus 87
Circus aeruginosus 78
Circus cyaneus 87
Circus macrourus 242
Circus pygargus 87
Cisticola juncidis 244
Clamator glandarius 243
Clangula hyemalis 54
Coccothraustes coccothraustes 235
Columba livia forma domestica 120
Columba oenas 121
Columba palumbus 122
Coracias garrulus 243
Corvus corax 217
Corvus corone 216
Corvus frugilegus 215
Corvus monedula 214
Coturnix coturnix 59
Crex crex 104
Cuculus canorus 125
Cursorius cursor 243

Cygnus columbianus 53
Cygnus cygnus 35
Cygnus olor 34
Delichon urbicum 148
Dendrocopos leucotos 143
Dendrocopos major 140
Dendrocopos medius 142
Dendrocopos minor 141
Dryocopus martius 139
Egretta alba 67
Egretta garzetta 66
Elanus caeruleus 242
Emberiza calandra 240
Emberiza cia 238
Emberiza cirlus 237
Emberiza citrinella 236
Emberiza hortulana 241
Emberiza leucocephalos 244
Emberiza melanocephala 244
Emberiza pusilla 244
Emberiza rustica 244
Emberiza schoeniclus 239
Eremophila alpestris 243
Erithacus rubecula 161
Falco columbarius 88
Falco naumanni 242
Falco peregrinus 86
Falco rusticolus 242
Falco subbuteo 85
Falco tinnunculus 84
Falco vespertinus 88
Ficedula albicollis 207
Ficedula hypoleuca 193
Ficedula parva 244
Fringilla coelebs 224
Fringilla montifringilla 225
Fulica atra 91
Galerida cristata 243
Gallinago gallinago 95
Gallinago media 243
Gallinula chloropus 90
Garrulus glandarius 209
Gavia adamsii 242
Gavia arctica 70
Gavia immer 70
Gavia stellata 70
Glareola nordmanni 243
Glareola pratincola 243
Glaucidium passerinum 130
Grus grus 104
Gypaetus barbatus 77
Gyps fulvus 242
Haematopus ostralegus 105
Haliaeetus albicilla 87
Hieraaetus pennatus 242
Himantopus himantopus 105
Hippolais caligata 244
Hippolais icterina 191
Hippolais polyglotta 191
Hirundo daurica 244
Hirundo rustica 147
Hydrobates pelagicus 242
Irania gutturalis 244
Ixobrychus minutus 64
Jynx torquilla 136
Lagopus muta 56
Lanius collurio 208

Lanius excubitor 223
Lanius isabellinus 244
Lanius minor 244
Lanius senator 223
Larus argentatus 117
Larus atricilla 243
Larus audouinii 243
Larus cachinnans 117
Larus canus 112
Larus fuscus 117
Larus genei 243
Larus hyperboreus 243
Larus marinus 117
Larus melanocephalus 116
Larus michahellis 113
Larus minutus 116
Larus pipixcan 243
Larus ridibundus 111
Larus sabini 243
Limicola falcinellus 243
Limosa lapponica 109
Limosa limosa 108
Locustella fluviatilis 244
Locustella luscinioides 189
Locustella naevia 189
Loxia curvirostra 233
Lullula arborea 159
Luscinia luscinia 244
Luscinia megarhynchos 162
Luscinia svecica 163
Lymnocryptes minimus 108
Melanitta fusca 55
Melanitta nigra 54
Melanocorypha calandra 243
Melanocorypha leucoptera 243
Mergus albellus 55
Mergus merganser 52
Mergus serrator 55
Merops apiaster 142
Milvus migrans 75
Milvus milvus 76
Monticola saxatilis 169
Monticola solitarius 170
Montifringilla nivalis 222
Morus bassanus 242
Motacilla alba 154
Motacilla cinerea 153
Motacilla citreola 244
Motacilla flava 152
Muscicapa striata 192
Neophron percnopterus 242
Netta rufina 47
Nucifraga caryocatactes 211
Numenius arquata 98
Numenius phaeopus 109
Numenius tenuirostris 243
Nycticorax nycticorax 65
Oceanodroma castro 242
Oceanodroma leucorhoa 242
Oenanthe deserti 244
Oenanthe hispanica 244
Oenanthe oenanthe 168
Oriolus oriolus 206
Otis tarda 242
Otus scops 130
Oxyura jamaicensis 55
Oxyura leucocephala 242

Pagophila eburnea 243
Pandion haliaetus 83
Panurus biarmicus 207
Parus ater 198
Parus caeruleus 199
Parus cristatus 197
Parus major 200
Parus montanus 196
Parus palustris 195
Passer domesticus 219
Passer hispaniolensis italiae 220
Passer montanus 221
Pelecanus onocrotalus 242
Perdix perdix 59
Pernis apivorus 74
Petronia petronia 244
Phalacrocorax aristotelis 242
Phalacrocorax carbo 63
Phalacrocorax pygmeus 242
Phalaropus fulicarius 243
Phalaropus lobatus 110
Phasianus colchicus 59
Philomachus pugnax 95
Phoenicopterus roseus 242
Phoenicurus ochruros 164
Phoenicurus phoenicurus 165
Phylloscopus bonelli 183
Phylloscopus collybita 185
Phylloscopus fuscatus 244
Phylloscopus inornatus 244
Phylloscopus schwarzi 244
Phylloscopus sibilatrix 184
Phylloscopus trochilus 186
Pica pica 210
Picoides tridactylus 143
Picus canus 137
Picus viridis 138
Pinicola enucleator 244
Platalea leucorodia 73
Plectrophenax nivalis 241
Plegadis falcinellus 242
Pluvialis apricaria 106
Pluvialis fulva 243
Pluvialis squatarola 107
Podiceps auritus 71
Podiceps cristatus 61
Podiceps grisegena 71
Podiceps nigricollis 62
Porzana parva 104
Porzana porzana 104
Porzana pusilla 242
Prunella collaris 158
Prunella modularis 157
Ptyonoprogne rupestris 146
Puffinus griseus 242
Puffinus puffinus 242
Puffinus yelkouan 242
Pyrrhocorax graculus 212
Pyrrhocorax pyrrhocorax 213
Pyrrhula pyrrhula 234
Rallus aquaticus 89
Recurvirostra avosetta 105
Regulus ignicapilla 188
Regulus regulus 187
Remiz pendulinus 205
Riparia riparia 145
Rissa tridactyla 118

Saxicola rubetra 166
Saxicola torquatus 167
Scolopax rusticola 97
Serinus citrinella 227
Serinus serinus 226
Sitta europaea 201
Somateria mollissima 50
Stercorarius longicaudus 243
Stercorarius parasiticus 116
Stercorarius pomarinus 243
Stercorarius skua 243
Sterna albifrons 119
Sterna caspia 118
Sterna bengalensis 243
Sterna dougallii 243
Sterna hirundo 114
Sterna nilotica 118
Sterna paradisaea 119
Sterna sandvicensis 115
Streptopelia decaocto 123
Streptopelia turtur 124
Strix aluco 128
Sturnus roseus 244
Sturnus vulgaris 218
Surnia ulula 243
Sylvia atricapilla 179
Sylvia borin 180
Sylvia cantillans 191
Sylvia communis 182
Sylvia conspicillata 244
Sylvia curruca 181
Sylvia hortensis 244
Sylvia melanocephala 244
Sylvia nisoria 191
Sylvia undata 244
Syrrhaptes paradoxus 243
Tachybaptus ruficollis 60
Tadorna ferruginea 37
Tadorna tadorna 38
Tetrao tetrix 57
Tetrao urogallus 58
Tetrax tetrax 242
Tichodroma muraria 202
Tringa erythropus 109
Tringa glareola 102
Tringa nebularia 100
Tringa ochropus 101
Tringa stagnatilis 110
Tringa totanus 99
Troglodytes troglodytes 156
Tryngites subruficollis 243
Turdus iliacus 175
Turdus merula 172
Turdus philomelos 174
Turdus pilaris 173
Turdus torquatus 171
Turdus viscivorus 176
Tyto alba 126
Upupa epops 135
Uria aalge 243
Vanellus gregarius 243
Vanellus vanellus 93
Xenus cinereus 243
Zoothera sibirica 244